Patrício Sciadini, OCD.

San Juan de la Cruz
o poeta de Deus
ensaio crítico e tradução

Editora Palas Athena

Título original: *San Juan de la Cruz, o poeta de Deus*
Copyright © 1989 by Patrício Sciadini

Coordenação editorial	*Emilio Moufarrige*
Revisão da 2ª edição	*Lucia Brandão Saft Moufarrige*
	Therezinha Siqueira Campos
Revisão da 1ª edição	*George Barcat*
	Isabel C. M. de Azevedo
	Therezinha Siqueira Campos
Projeto gráfico	*Primo Alex Gerbelli*
Ilustrações	*Erica Mizutani*
Impressão e acabamento	*Gráfica Palas Athena*

Dados de Catalogação na Publicação (CIP) Internacional
(Câmara Brasileira do Livro, SP, Brasil)

Sciadini, Patrício, 1945
San Juan de la Cruz : o poeta de Deus : ensaio crítico e tradução / Patrício Sciadini. - São Paulo: Palas Athena,1989
1. Cruz, Juan de la, 1542-1591 2. Poesia espanhola - Período clássico, 1550-1700 3. Poesia religiosa espanhola I. Título.
ISBN 85-7242-020-7

	CDD-248.22092
	861.05
89.1694	861.3

Índices para catálogo sistemático
1. Místicos: Biografia e obra: Cristianismo: 248.22092
2. Poesia: Idade de Ouro, 1516-1700 : Literatura espanhola 861.3
3. Poesia religiosa: Literatura espanhola 861.05

2ª edição, revisada, 2004

Todos os direitos reservados e protegidos
pela Lei 9610 de 19 de fevereiro de 1998.
É proibida a reprodução total ou parcial, por quaisquer meios,
sem a autorização prévia, por escrito, da Editora.
Direitos adquiridos para a língua portuguesa por
EDITORA PALAS ATHENA
Rua Serra de Paracaina, 240 - Cambuci
01522-020 - São Paulo - SP - Brasil
fone: (11) 3209.6288 - fax: (11) 3277.8137
www.palasathena.org   editora@palasathena.org

ÍNDICE

Prefácio à 2ª edição 7
Introdução 9
Inserido na História 10
Vida familiar 11
Opção pelos pobres 12
Comprometido com o estudo 14
Ambiente religioso 15
Carmelita 16
O encontro de dois místicos 17
Ambiente histórico 18
Os escritos 20
Subida do Monte Carmelo 20
Gráfico do Monte da Perfeição 23
Subida, Noite: escritos unitários 25
Noite Ativa 26
Noite Passiva do Espírito 27
Quadros sintéticos 29
Cântico Espiritual 39
Comentário 40
Chama Viva de Amor 41
Doutrina 41
Como ler São João da Cruz 43
Conclusão 44
Seleção de Poemas 45
Índice das Fontes dos Poemas 155

Prefácio à 2ª edição

É com alegria que apresento a 2ª edição do meu livro *San Juan de la Cruz, o poeta de Deus*, publicado pela editora Palas Athena. Buscamos a verdade no amor aos místicos que, em todas as religiões, exercem um papel pedagógico muito importante. Os místicos precedem os teólogos e os sistematizadores das verdades e das crenças. Eles são poetas de Deus que, com suas sublimes intuições, sabem elevar as pessoas acima dos problemas da cotidianidade. Não são, como pode parecer, pessoas alienadas da realidade, mas fazem uma leitura "relativizada" da realidade e sabem que o absoluto vai sempre mais além dos nossos problemas humanos, contaminados pelo mal que está dentro e fora de nós.

João da Cruz é um místico que tem as características da universalidade. Poderíamos defini-lo como "monumento e patrimônio da humanidade"; com ele todos se sentem bem, seja qual for a crença das pessoas. Não por acaso é o místico católico mais lido por todos. Ultrapassando as barreiras da Igreja ele se movimenta com elegância e propriedade entre as várias religiões.

Por que? Porque Juan de la Cruz é o místico, poeta, discípulo e mestre de Teresa de Ávila – uma mulher de uma capacidade excepcional –, que sabe dizer uma palavra a todos os buscadores da verdade. A doutrina de Juan de la Cruz tem dois elementos essenciais: Deus e o ser humano. Deus apaixonado pelo homem o busca a cada instante, e o homem apaixonado por Deus o procura como fonte de sua felicidade.

Que esta 2ª edição nos ajude a todos a caminhar com alegria espiritual e mística nas noites escuras para chegarmos à plena vida da chama viva de amor. A vida é uma aventura e nesta aventura buscamos sem cessar a luz, a vida e o amor.

Os leitores de San Juan de la Cruz sabem que este místico possui "um não sei quê" de diferente. Que guiados por ele possamos chegar ao encontro com o absoluto e necessário que é Deus.

Frei Patrício Sciadini, OCD.

Introdução

Em uma noite escura,
De amor em viva ânsia inflamada,
Oh! ditosa ventura!
Saí sem ser notada,
Já minha casa estando sossegada.

No Amado acho as montanhas,
Os vales solitários, nemorosos,
As ilhas mais estranhas,
Os rios rumorosos,
E o sussurro dos ares amorosos;

Esses versos pertencem ao mais importante místico do Ocidente, guia espiritual de inúmeras pessoas em busca do Absoluto. João da Cruz é uma daquelas figuras que, fugindo aos esquemas restritos de um povo ou de uma crença, tornou-se propriedade da humanidade.

No seu lento e fatigante caminhar das trevas à luz, da morte à vida, o homem sempre procura um mestre que o guie. A experiência de Deus é um acontecimento espiritual que não é dado a todos viver e, menos ainda, transmitir. São poucos os que sabem traduzir o que se passa no mais íntimo do ser. Os escritos espirituais das grandes religiões perduram como sinais que orientam a humanidade, como manancial onde o homem vai desalterar-se, sem nunca esgotá-lo.

João da Cruz encontra espaços cada vez maiores nas culturas da espiritualidade. A ele recorrem, do Oriente e do Ocidente, do Norte e do Sul, pessoas que, feridas pela angústia existencial, estão à procura de uma palavra, de um caminho que lhes dê paz e tranqüilidade.

Inserido na História

O século XVI é rico de história; novos caminhos se abrem para quem deseja correr à aventura de conhecer as terras da América recém-descoberta.

Trata-se de um século em que o fenômeno religioso assume uma voz gritante e contestadora, a de Martinho Lutero, que se levanta contra a Roma das Cruzadas e da venda de indulgências.

O Concílio de Trento, reunindo bispos e teólogos, lança-se contra o alastramento da rebeldia dos cristãos, conhecido como Contra-Reforma. A arma mais poderosa da Igreja, na época, não foi nem o ecumenismo, nem o diálogo dos teólogos, mas a "excomunhão" — uma espécie de expulsão por divergências teológicas. Atitude compreensível naquele momento histórico, mas nem por isso aprovável. Nesse período vigora a Santa Inquisição, responsável pela defesa da ortodoxia da fé, "custe o que custar". Com o apoio de reis e políticos "católicos" inicia-se a caça aos falsos cristãos, que têm apenas uma saída: voltar à Igreja ou ser mortos. A política expansionista das grandes potências é protegida pela religião; a cada grupo de colonizadores que parte para as Américas, acrescenta-se um número significativo de missionários para converter os nativos.

Uma atenta e vigilante atuação dos teólogos da "Santa" Inquisição vela dia e noite em busca de heresias, abertas ou sutilmente escondidas nos escritos dos professores das várias universidades.

É esse o ambiente político-religioso em que João da Cruz vai realizar a sua obra de mestre espiritual e de escritor místico.

Medina del Campo é o centro comercial para onde acorrem, de todos os lados, os grandes e pequenos comerciantes que desejam comprar ou vender as próprias mercadorias. Também de Toledo, centro comercial da seda, corre-se para Medina del Campo. Entre os mercadores está um jovem toledano, Gonzalo de Yepes, que em suas viagens descansa no pequeno povoado de Fontiveros, a nove léguas de Medina. Nesse local, que não tem mais de cinco mil habitantes, mora uma viúva que comercia com seda e em cuja casa Gonzalo se hospeda. Trabalha aí uma jovem toledana, órfã e muito pobre, mas que alia às qualidades humanas e espirituais uma discreta beleza e distinção.

Nasce entre Catalina, a jovem, e Gonzalo, uma simpatia que, tornando-se amizade, desabrocha em amor. Há entre eles, no entanto, uma diferença social. Gonzalo não ouve os conselhos da viúva, que quer evitar o casamento para libertá-lo da ira dos Yepes, e casa-se com Catalina — em 1529, provávelmente. Os tios ricos, feridos na sua honra e posição social, deserdam o sobrinho e ele se torna um desempregado.

Embora seja um jovem inteligente, capaz de cuidar da administração de uma fábrica, Gonzalo não encontra trabalho e é obrigado a aprender o ofício de sua esposa Catalina: tecedor de seda.

João, o último dos três filhos do casal, nasce no ano de 1542, num ambiente pobre e humilde. Cresce em meio a grande sofrimento e trabalho duro, especialmente após a morte do pai, ocorrida quando ele não tem mais de dois anos.

Vida familiar

A extrema pobreza constitui, portanto, o clima familiar em que cresce João da Cruz.

Catalina, a jovem viúva, assume com uma fortaleza de mulher corajosa a luta pela sobrevivência e procura soluções para não ser esmagada pela miséria. Apesar de trabalhar dia e noite, não consegue afastar a fome de seu modesto lar em Fontiveros.

As dificuldades, porém, forçam-na a abandonar a própria casa e iniciar uma vida de migrante. Assim, vamos encontrá-la solitária em Arévalo e em Medina del Campo; busca ajuda junto aos parentes de seu marido, mas as portas se fecham, com a violência do egoísmo e do orgulho ferido.

Como órfão, João é acolhido no colégio de *Los Niños de la Doctrina*. Aprende a ler e a escrever, manifestando aptidões intelectuais. A pobreza o obrigará a aprender alguns trabalhos manuais para os quais, entretanto, tem pouco jeito: costureiro, entalhador, pintor; a função de sacristão, na Igreja da Madalena, das monjas agostinianas, encontra nele uma relativa habilidade.

Mais tarde, iremos encontrá-lo como enfermeiro no hospital da Conceição. Ganha seu pão atendendo os doentes e pedindo esmolas para o sanatório. O bom senso e a perspicácia de D. Alonso Álvarez de Toledo, administrador do hospital, levam-no a ajudar João a freqüentar, ao longo de quatro anos, os estudos no Colégio dos Jesuítas. Manifestam-se no jovem as virtudes que o caracterizarão; entre elas, o amor ao trabalho. Aliás dedicou-se, desde muito cedo, ao trabalho para o próprio sustento. Manter a si mesmo é o ideal de cada homem; a luta pela construção do próprio futuro é o sonho que todos trazem no íntimo.

A mística e a contemplação não alienam do trabalho; prova disso é o próprio João da Cruz, visto a labutar com afinco nas reformas e construção de conventos. Ensina, dessa forma, a recuperar a mística do trabalho que jamais afasta o homem de Deus; o que provoca essa ruptura é transformar o labor numa busca ambiciosa de lucro.

Opção pelos pobres

Todo contemplativo tem a certeza de que Deus se manifesta privilegiadamente aos que se tornam pequenos, humildes, pobres e crianças. "Se não vos tornardes como crianças não entrareis no Reino do Céu."

A história da Salvação é a plena comunicação de Deus com o homem. A pobreza é condição indispensável para acolher o mistério da palavra de Deus que em nós se faz vida; o homem assume a responsabilidade de revestir com a sua carne a palavra, de manifestar no seu corpo, aqui e agora, o Deus vivo da História. Uma teologia que não se compromete com Deus e com o homem é falsa e alienante. Antes de tudo, o homem é contemplativo: seu olhar está fixo no alto, na busca às vezes angustiante do infinito, do absoluto. Ele sabe, porém, que não é possível permanecer continuamente olhando para o céu; é preciso voltar a contemplar a terra, onde se constrói a verdadeira experiência do Senhor.

Cristo Jesus soube anunciar a força da palavra com a própria vida. Ele se encarnou, enculturou-se, assumindo a natureza humana — exceto o pecado —, e nos ensinou como libertar-nos do mal que nos aflige.

João da Cruz soube fazer uma opção preferencial pelos pobres sofridos, assumindo como tarefa olhar com carinho particular todos os pobres que tentam libertar-se do sofrimento. Sua mistagogia, o fato de ter-se colocado como guia e mestre de pessoas à procura do Absoluto, revelam essa decisão de pôr-se ao lado de todos os sofredores. Uma hagiografia alienante tem mostrado João da Cruz fechado no seu pequeno mundo, absorvido em si, mergulhado no mistério de Deus e esquecido de tudo quanto acontece ao seu redor. Essa figura, entretanto, não corresponde à realidade. Ele soube dar a verdadeira dimensão ao relativo e cantar a purificação plena partindo do aqui e do agora. Quem se aproxima de João da Cruz não pode permanecer indiferente ao grito dos oprimidos pelas injustiças humanas ou dos feridos pelo pecado. O caminho que ele ensina é duro, árido e marcado pela coragem de lutar vencendo os entraves que nos impedem de cantar a plena libertação.

> *Buscando meus amores,*
> *Irei por estes montes e ribeiras;*
> *Não colherei as flores,*
> *Nem temerei as feras,*
> *E passarei os fortes e fronteiras.*
> *(Cântico Espiritual, III)*

Esses versos nos apresentam um ritmo marcial, rico de musicalidade e, ao mesmo tempo, de vontade de lutar para chegar à "adega interior".

> *Na interior adega*
> *Do Amado meu, bebi; quando saía,*
> *Por toda aquela várzea*

Já nada mais sabia,
E o rebanho perdi que antes seguia.
(Poesias, 26)

A experiência mística é beber do Amado, tornar-se o Amado. No mundo de hoje não há espaço para uma contemplação intimista, para uma espiritualidade fechada, escondida sob uma redoma de vidro e incapaz de gerar pessoas prontas para lançar-se na gloriosa empresa de conquistar e dar a vida.

Os místicos sempre foram e serão pessoas perigosas para as instituições acostumadas a permanecer tranqüilas e protegidas pela força da lei.

Ao longo dos seus 49 anos vividos, encontraremos João da Cruz docemente reclinado sobre pacientes afetados por doenças infecciosas, e o veremos debruçado, com carinho amoroso e desvelado, sobre o mistério do coração humano que procura a luz sob o peso das imperfeições. Ele será o homem sempre atento ao outro e, por isso, completamente esquecido de si.

Comprometido com o estudo

A melhor maneira de fazer o bem é ser competente. Os medíocres dificilmente têm vez na vida. A competência é a força para que um pensamento se afirme, manifestando a coesão entre palavra e vida. Todo contemplativo une sua sabedoria à vida e só no dia-a-dia do momento presente, feito de sofrimento e de alegrias, é possível viver o mistério encerrado no invólucro do relativo.

João da Cruz é um estudioso que ao longo de sua trajetória debruçou-se sobre os livros, aprendeu a arte do pensamento e tornou-se mestre na poesia e na pedagogia para transmitir sua vivência mais íntima.

Esse frade de baixa estatura foi justamente definido por Madre Teresa de Ávila como "meu pequeno Sêneca"; como este último, consagrou-se por sua sabedoria. João da Cruz tornou-se imortal não só pela sua santidade, mas principalmente por sua cultura ampla e profunda. Sua psicologia leva-o ao âmago do coração humano e manifesta, com rara e delicada arte, seus sentimentos mais secretos, seus desejos mais profundos.

Seu gênio, de natureza fechada e introvertida, desabrocha lentamente para o amor e a delicadeza que encontra sobretudo nas monjas e amigos. Diante do amor, não hesita em abrir seu íntimo e revelar o que se esconde em sua personalidade. É necessário ler seus escritos desvendando neles uma disfarçada autobiografia: páginas tecidas de ternura, nas quais, ainda que às vezes o discurso se faça duro e contundente como os penhascos, encontra-se um profundo humanismo. O fato de, após quatro séculos, sua doutrina ser mais atual do que nunca, demonstra a absoluta ausência de superficialidade. A seus escritos acorrem os sedentos de palavras, não retóricas, mas comprovadas no laboratório da vida.

Ambiente religioso

A primeira educação religiosa João a recebe junto de sua família — formada sobre o alicerce do amor, e não das conveniências sociais. O pai preferira sacrificar o seu futuro de comerciante rico, uma herança que o colocaria na alta sociedade de Toledo e de Medina del Campo, ao amor simples e transparente de sua amada Catalina — amor ao qual João também será fiel. Será o cantor do amor puro, mais forte que a morte; ao longo de seus escritos o amor terá sempre um lugar de destaque. Não se trata de mero sentimentalismo, mas do sentimento mais puro, acrisolado na dor e na cruz.

Catalina é uma pobre viúva, mas sabe infundir em seus filhos a beleza da vida, da honestidade e do trabalho. É junto dessa mãe que João da Cruz começa a conhecer Deus e aprende a rezar — uma oração simples, feita por fórmulas; porém ele, mais tarde, ultrapassando todas as formulações, será mestre de uma oração impregnada de puro amor. "Vale mais um ato de puro amor que todas as obras apostólicas." João da Cruz não procura o fazer, mas, antes de tudo, o ser. É na realização do seu ideal que vai encontrando o crescimento do homem interior, que se alimenta na fonte da Escritura Sagrada e dos grandes poetas espanhóis.

Seus primeiros mestres serão os jesuítas que, entusiastas do Concílio de Trento (1545-1563), souberam orientar o jovem João para uma teologia não contaminada pelas heresias protestantes.

É conhecido o amor de João da Cruz pelo estudo, e a forma como sabia aproveitar todos os momentos para enriquecer tanto sua cultura quanto sua intimidade com Deus. Teresa, em suas profundas intuições dirá que, se lhe fosse dado escolher entre um diretor espiritual santo e um douto, ficaria com o douto.

A espiritualidade inaciana é a primeira nascente onde João mata sua sede de infinito; saberá, entretanto, escavar seu próprio poço, muito mais fundo, e beber água mais pura.

A vocação amadurece ao sol do sofrimento, à ventania da luta, à experiência da pobreza e da fome. João sabe o que quer. Não se refugia na vida religiosa a fim de buscar uma solução para a sua miséria. Procura o sacerdócio porque, apaixonado pelo mistério de Cristo, quer agir no mundo, anunciando o Evangelho como caminho e vida, como força capaz de transformar a sociedade angustiada pelas incertezas.

Haverá quem lhe ofereça o sacerdócio como vocação e meio de ajudar sua família pobre. Quem sabe, os jesuítas talvez tenham visto em João alguém que, no futuro, poderia assumir um destaque particular na cultura teológica espanhola.

Ele, entretanto, no seu silêncio tão característico, "na solidão sonora / e música silenciosa", toma uma decisão que maravilhará a todos: será carmelita.

Carmelita

O Carmelo sempre seduziu os profetas. O melhor habitante da montanha do Carmelo será o profeta Elias; atravessando o deserto e lutando contra a idolatria, procura defender a transparência de Deus que, como luz resplandecente, caminha à frente do seu povo.

Ontem e hoje, o Carmelo evoca a contemplação mística e o mistério.

Atraído e seduzido por Deus, João da Cruz escolhe uma ordem religiosa que lhe possa oferecer espaço suficiente para se dedicar mais plenamente à oração. O Carmelo oferece ao jovem João uma rica espiritualidade, permeada do entusiasmo do profeta Elias e da beleza de Maria, mãe e rainha do Carmelo. Toda a sua vida é uma tensão na busca incessante de Deus, que só se deixa encontrar por quem O procura incansavelmente.

A vida religiosa do século XVI atravessa uma difícil crise de identidade e fidelidade ao ideal. A peste negra obrigava muitas ordens a mitigar a austeridade da Regra. O comodismo vai penetrando lentamente nos conventos; a ascese tem seu ritmo enfraquecido. Teresa de Ávila dirá uma frase em que denúncia tal situação: "Oração e vida cômoda não combinam". João da Cruz partilhará dessa maneira de pensar; entra numa crise profunda quanto ao desejo de viver a radicalidade da própria vocação. O Carmelo, conhecido pela austeridade, não corresponde agora às suas aspirações. Para vencer o conflito interior, João pensa em abandonar a Ordem carmelitana e refugiar-se na cartuxa, onde se vive uma vida mais austera.

É nessa angústia interior, nesse dramático dilema, que aparece a estrela de um caminho novo: Teresa de Ávila.

O encontro de dois místicos

O místico é, por definição, um inquieto e um angustiado; não a angústia doentia, fruto de desequilíbrio psicológico, mas a angústia profética que Deus coloca no coração do homem, tornando-o subversivo e irrequieto diante de qualquer compromisso que esvazie a totalidade da vida.

Estamos, provavelmente, em agosto de 1567. Teresa, em suas andanças pela Espanha, fundando Carmelos reformados, passa certamente por Medina del Campo. Ela abandonara o caótico mosteiro da Encarnação, onde viviam na mediocridade, algumas no luxo, mais de 180 monjas.

Com as devidas licenças do Superior Geral do Carmelo, o equilibrado e sincero João Batista Rubeo, Teresa inicia, a 24 de agosto de 1562, um novo estilo de vida contemplativa carmelitana: pequenas comunidades (não mais de treze membros) onde devem reinar o amor fraterno, a oração e a pobreza.

A pessoa de Teresa é questionadora e perturba os religiosos, os padres e o povo. A "andarilha de Deus" não se cansa de fundar novas comunidades. Preocupada com o futuro de sua obra, ela pensa: "Se não houver homens que vivam a mesma espiritualidade, esta não conseguirá sobreviver". O ideal seria iniciar o mesmo estilo de vida entre os carmelitas, mas com quem, e como? Ela não quer fundar uma nova família religiosa, mas reconquistar para o Carmelo o seu brilho primitivo. Teresa está no período de plena maturidade humana, tem 52 anos, enquanto João da Cruz tem apenas 25. Ela será, portanto, a mão estendida que o vai ajudando a alcançar o equilíbrio que não conseguira sozinho.

João compreende que a proposta de viver a consagração do Carmelo, feita por Teresa, é a melhor. Assim, em 28 de novembro de 1568, começa a Reforma Carmelitana masculina em Duruelo. É a obra de Teresa que encontra em João da Cruz o colaborador e amigo fiel. No livro maravilhoso escrito por ela, *Fundações,* encontramos narrada a aventura da primeira casa dos descalços. Vale a pena ler o relato, ao qual João da Cruz não faz referência em seus escritos.

O Carmelo descalço, tanto o feminino quanto o masculino, brota do coração de Teresa, que não quer afastar-se da espiritualidade carmelitana, com a qual está tão em sintonia; ela deseja apenas vivê-la mais radicalmente.

Ambiente histórico

João da Cruz não influencia o meio em que vive, não provoca rupturas, não fala de si, a não ser no ambiente restrito do Carmelo.

A sua vivência histórica é pequena e circunscrita. Vive, talvez, sem saber sequer o que ocorre ao seu redor. Não fala de política nem da expansão colonialista da Espanha; é fiel à Igreja, mostrando-se disposto a acatar as decisões dos teólogos da Inquisição. Abre todos os seus escritos manifestando e reafirmando fidelidade à Igreja de Roma. Sua ascendência teológica não é percebida durante seus anos de vida.

Ele vive mergulhado em Deus, relatando, numa espécie de disfarçada autobiografia, sua experiência interior. Nada encontramos que possa deixar entrever um teólogo influente, e o seu relacionamento com outras famílias religiosas é muito restrito.

Seu radicalismo evangélico e uma vida austera questionam a mediocridade de seus irmãos carmelitanos.

Há em sua vida um acontecimento que devemos julgar sob a perspectiva da época e não à luz da consciência do respeito à pessoa humana que se tem hoje: sua permanência no cárcere conventual de Toledo. O estilo austero e autêntico de João da Cruz questiona o Carmelo. É necessário que a Ordem tome providências, para que o fenômeno da "descalcez" não se estenda. A melhor maneira é neutralizar-lhe a ação, confinando João num convento, vedando-lhe qualquer contato com o exterior. Seqüestrado por um grupo de religiosos, no mês de dezembro de 1577, é levado clandestinamente até Toledo, onde permanecerá no cárcere até agosto de 1578, quando consegue fugir, retornando à liberdade e levando à frente o seu projeto.

Período difícil de sofrimento, que o vai amadurecendo e tornando-o capaz de assumir atitudes de não-violência, vencendo o mal com o bem.

É o homem de Deus, inserido como fermento na História: semente que morre no silêncio e que, depois, brotará com nova e plena vitalidade. Devemos julgar esse período como um fato comum e ordinário daquela época. Era praxe. Creio ser hoje necessário minimizá-lo e julgá-lo com racionalidade. É um fato que não tem influência histórica; João, como todos os pobres, não faz história, é História. Em seu silêncio vivo e atuante, marca as gerações futuras. João da Cruz fez história após a sua morte. "Se o grão de trigo caído na terra não morrer, fica só; se morrer, porém, dará muitos frutos." (João, 12-23)

Os escritos

João da Cruz foi considerado um rebelde sem ter sido. Sua vida foi toda plasmada e fecundada pela força plena do amor. Na dura solidão e na vida quase desumana do cárcere de Toledo, ele amadurece como poeta.

Sente borbulhar, no íntimo do seu coração, profundos sentimentos contemplativos.

Não lhe é possível, por não dispor de papel, expressar pela escrita tudo que lhe vai na alma. Vai, então, decorando os versos, à espera de tempos melhores. No mês de maio de 1578, é substituído o carcereiro encarregado de cuidar de Frei João. Mais humano, delicado e atencioso que o precedente, oferece-lhe "caneta, tinta e papel para escrever coisas espirituais e distrair-se". Passa para o papel as poesias já decoradas ao longo dos obscuros meses de penoso sofrimento, injustos mas purificadores. A poesia é, sem dúvida, o mais perfeito meio de expressão humana.

Subida do Monte Carmelo

João da Cruz usa um método pedagógico interessante e único. Compõe uma poesia e, depois, comentando-a amplamente, manifesta toda a sua vasta cultura teológico-humanística. A poesia que precede a *Subida do Monte Carmelo* não foi composta no cárcere de Toledo, como se considerou por longo tempo, e sim entre os meses de novembro de 1578 e junho de 1579. É evidente que transmite todo o pesar vivido no passado. Ele é, nesse momento, Superior do Convento do Calvário em Andaluzia. Deixamos propositalmente de fazer referência a aspectos teóricos da poesia, para deter-nos na doutrina do santo.

O próprio João da Cruz nos diz qual é a finalidade da explicação das canções:

> *Trata este livro de como poderá a alma dispor-se para chegar em breve à divina união. Dá avisos e doutrina, tanto para os principiantes como para os mais adiantados, muito proveitosa para saberem desembaraçar-se de tudo o que é temporal e não serem prejudicados mesmo no que é espiritual, ficando em suma em desnudez e liberdade de espírito, como se requer para a união divina.*

João da Cruz, ao longo da *Subida do Monte Carmelo*, obra deixada incompleta, ensina todo o trabalho ascético e o esforço necessário ao homem para chegar à plena posse de Deus. Na *Subida do Monte Carmelo* assistimos a uma aventura dramática, cujos protagonistas são Deus e o homem (alma). Este procura ansiosamente o seu Amado e, possuído pelo amor, assume qualquer sacrifício e aceita qualquer purificação. Essa obra descreve-nos magistralmente as noites ativas do sentido e do espírito. É a alma que, com a graça de Deus, deve realizar o heróico permanecer na noite, na escuridão, para poder deliciar-se com o amor do Amado. Sem o nosso esforço ativo, dinâmico, sem a nossa permanente busca de Deus, não conheceremos a beleza do amor que emana do Amor.

> *Oh! noite que me guiaste,*
> *Oh! noite mais amável que a alvorada;*
> *Oh! noite que juntaste*
> *Amado com amada,*
> *Amada já no Amado transformada!*

A leitura da *Subida do Monte Carmelo,* como de todos os escritos de São João da Cruz, exerce um grande influxo em qualquer pessoa, mesmo em quem não consegue entender a riqueza espiritual e mística que aí se esconde. Sentimo-nos seduzidos pelo ritmo musical, pela harmonia, pela força de uma mensagem presente, embora desconhecida.

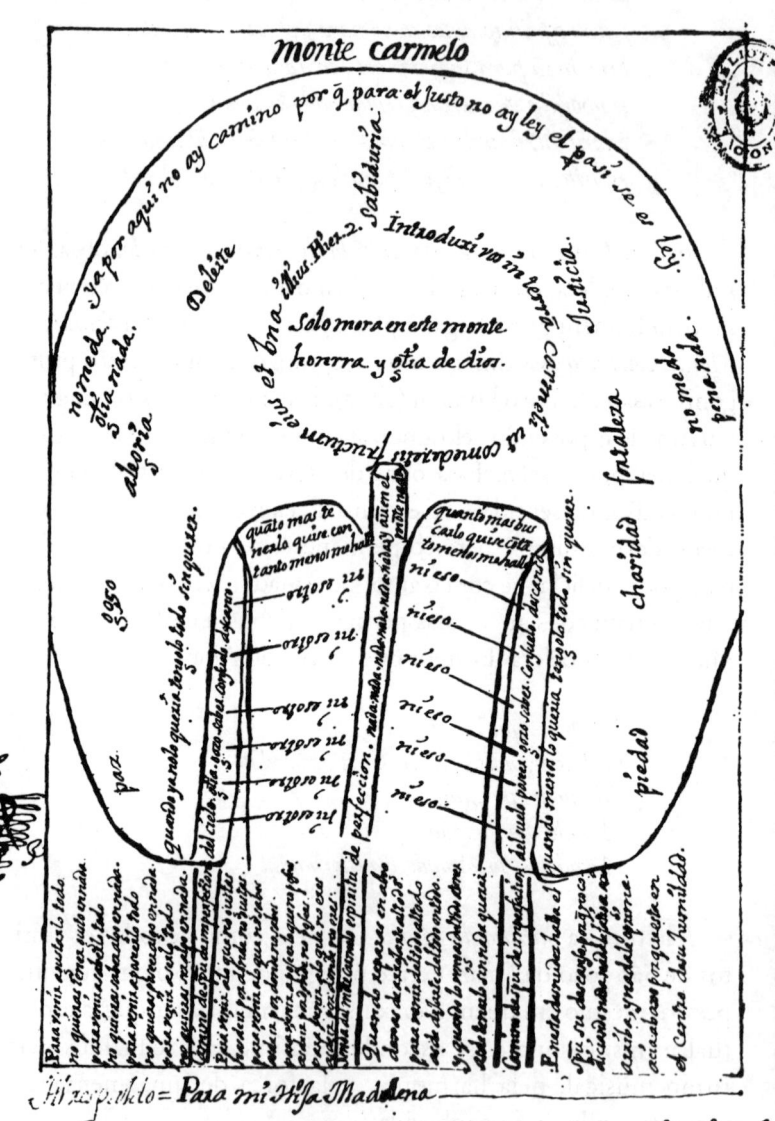

Gráfico do Monte da Perfeição

A Irmã Madalena do Espírito Santo, do Mosteiro de Beas, testemunha que João da Cruz fez vários gráficos do Monte da Perfeição, um para cada monja. É estranho que não possuamos nenhum original saído da pena, rápida e essencial em suas linhas, de São João da Cruz. Ele mesmo, ao longo dos escritos, refere-se a esse desenho.

Possuímos não o original, mas cópias; a mais antiga, de 1759, foi feita por Frei André da Encarnação.

Esse gráfico foi dedicado à sua filha espiritual Madalena. Como se pode notar, é um desenho primitivo, pouco elaborado, nervoso em suas linhas e austero.

Linhas retas indicam os caminhos que sobem a montanha. No centro há o caminho principal, que segue direto para o cimo. Na estrada principal lemos: Senda do Monte Carmelo, espírito de perfeição, nada, nada.

À esquerda, o caminho da imperfeição, caminho do espírito imperfeito: bens do céu, glória, gozo, curiosidade, conforto, repouso; ao lado, os dizeres: "Quando não os procurava mais, eu os possuí sem procurá-los".

À direita, o outro caminho da imperfeição, caminho do espírito imperfeito: bens da terra, posse, gozo, conhecimento, conforto, repouso e, ao lado, estas palavras: "Quando não os procurava mais, eu os possuí sem procurá-los".

No cimo do Monte, estão distribuídos os frutos do Espírito Santo: paz, gozo, alegria, deleite, sabedoria, justiça, fortaleza, caridade, piedade. O cimo do Monte é coroado com o texto bíblico: "Eu vos introduzi na terra do Carmelo para que comêsseis o seu fruto e o melhor dela".

No centro do Monte, João da Cruz coloca aquilo a que poderíamos chamar o coração de toda a sua espiritualidade, a meta de quem busca a Deus: "Neste Monte habitam só a honra e a glória de Deus". Ele sintetiza todo o seu itinerário espiritual com uma frase lapidar, densa de conteúdo: "Por aqui não há mais caminho porque para o justo não há lei, ele é lei para si mesmo". O homem que chega a ser lei para si mesmo é plenamente livre de qualquer escravidão.

No sopé do Monte, com sua caligrafia miúda, revela mais que uma personalidade volitiva — escreve o itinerário da libertação:

> Para vir a saborear TUDO —
> não queiras ter gosto em NADA
> Para vir a saber TUDO —
> não queiras saber algo em NADA
> Para vir a possuir TUDO —
> não queiras possuir algo em NADA
> Para vir a ser TUDO —
> não queiras ser algo em NADA
>
> Para vir ao que não GOSTAS —
> hás de ir por onde não GOSTAS
> Para vir ao que não SABES —
> hás de ir por onde não SABES
> Para vir a possuir o que não POSSUIS —
> hás de ir por onde não POSSUIS
> Para chegar ao que não ÉS —
> hás de ir por onde não ÉS
>
> Quando reparas em algo —
> deixas de arrogar-te ao todo
> Para vir de todo ao todo —
> hás de deixar-te de todo em tudo
> E quando venhas de todo a ter —
> hás de tê-lo sem nada querer.

Nesta desnudez encontra o espírito o seu descanso, pois nada cobiçando, nada o impele para cima e nada o oprime para baixo, porque está no centro da sua humildade.

O gráfico do Monte Carmelo, ao longo dos séculos, sofreu várias modificações e interpretações. A mais famosa foi sem dúvida a do pintor Diego Astor (1618); e ainda hoje continuam aparecendo novas interpretações, numa linguagem mais moderna.

Subida, Noite: escritos unitários

Da poesia e do desenho surgiram a *Subida* e a *Noite*. A gestação foi lenta, sofrida, difícil. Durante a sua permanência como Superior do Convento do Monte Calvário, como é costume dentro da Ordem, João da Cruz fazia conferências, palestras formativas para os frades e as monjas. Para tornar mais atraentes e interessantes suas exposições o santo recorria, sem dúvida, à sua experiência pessoal, servindo-se para isso das composições poéticas. Costumava deixar, particularmente para as monjas de Beas, que era o mosteiro de seu coração, sentenças escritas sobre pequenos pedaços de papel.

É provável que tanto os religiosos como as monjas, profundamente tocados por suas exposições, tenham pedido ao santo que explicitasse mais pormenorizadamente as poesias. É dessas explicações que surgem as obras *Subida do Monte Carmelo* e *Noite Escura*. Podemos e devemos perguntar: em honra de quem João da Cruz as escreveu? Ele mesmo o diz com bastante clareza: "Minha intenção principal não é aquela de dirigir-me a todas as pessoas, mas somente a algumas: frades e monjas, que pertencem à nossa Ordem Primitiva do Monte Carmelo, que me pediram isto". (*Subida do Monte Carmelo, Prólogo*)

É interessante notar que os dois escritos são incompletos. Podemos perguntar-nos por que ele deixa inacabadas essas obras tão importantes. O motivo fundamental, provavelmente, não foi a Inquisição e nem a falta de tempo. Os místicos não são escritores de profissão, eles escrevem quando a força do Espírito Santo os invade, os possui e os torna incapazes de resistir ao fogo do amor que os queima por dentro. Para João da Cruz não há nenhum sentido em levar à frente o que, no momento, não considera importante e útil para os que o escutam.

Acreditamos que a incompletude dos dois livros se deva ao fato de ter percebido que concluí-los não era, na ocasião, fundamental. Não se pode compreender a *Subida* sem ler a *Noite*. São dois escritos que se completam um ao outro e levam a uma maior compreensão da alma que é totalmente invadida pela força do Senhor.

Noite Ativa

A palavra noite é muito querida à linguagem e à experiência espiritual do místico carmelitano. Usa esse termo milhares de vezes e em várias acepções. *Noite ativa dos sentidos* (subida livre): a alma que quer encontrar o Senhor e contemplá-Lo plenamente em si própria deve, desde já, assumir o estreito e difícil caminho da ascese. É um esforço que ela mesma deve fazer.

Quem quer caminhar na luz do Espírito Santo deve afastar tudo o que impede a plena comunhão com o Senhor.

Purificação dos sentidos externos (vista, ouvido, olfato, gosto e tato). *Purificação dos sentidos internos* (imaginação e fantasia). Os sentidos devem ser purificados por meio da não-satisfação dos apetites. Esta é uma expressão desconhecida pela moderna psicologia. Poderíamos traduzi-la por "inclinação". Apetites são, para o santo, tendências inatas pelas quais o homem busca o que agrada aos seus sentidos (o ouvido nos atrai para uma maravilhosa melodia, o olfato para o perfume, o tato para as coisas delicadas e macias, o gosto para algo que é saboroso). Assim, constatamos uma repugnância natural por tudo que ofende a nossa sensibilidade: o mau cheiro, o grito forte que ensurdece, uma coisa áspera.

A sensibilidade é necessária para a vida humana. Porém, não orientada e não canalizada, pode tornar-se prejudicial ao reto desenvolvimento do equilíbrio da pessoa. É por isso que João da Cruz diz que devemos orientar essa sensibilidade exclusivamente para o Senhor. Tudo que é passional cansa a alma, mancha-a e a torna incapaz de viver a transparência do amor, da alegria e da esperança. João da Cruz apresenta a liberdade plena conquistada pelo homem que consegue orientar, dominar todas as suas paixões e tornar-se o verdadeiro senhor de si mesmo. Portanto, a purificação não tem uma finalidade em si própria; é, sim, um meio que leva à posse de um bem superior, ao encontro do Amor, da Verdade e da Luz.

Noite ou purificação ativa do espírito (*Subida*, II, III). A purificação ativa do espírito não diz mais respeito às coisas sensíveis, mas sim ao espiritual, às faculdades espirituais, que são três: intelecto, memória e vontade. Elas devem ser purificadas mediante o exercício das virtudes teologais: fé, esperança e caridade.

João da Cruz não hesita em dizer que a união com Deus acontece somente por meio de uma intensa vida de fé. O amor de Deus exige necessariamente a recusa de qualquer satisfação humana. A purificação serve para canalizar para Ele toda a nossa afetividade. João da Cruz é um místico austero, exigente, que leva o homem não pela via falsa e instável da sensibilidade, mas pelo caminho seguro da fé, que não se baseia em raciocínios humanos mas apóia-se sobre a fé, na palavra do Senhor. A espiritualidade desse mestre e guia espiritual não está alicerçada, como às vezes podemos pensar, sobre a negatividade, a repressão dos sentimentos e afetos humanos, e sim sobre a canalização de todos os sentimentos para o Senhor, que deve ser amado sobre todas as coisas.

Noite Passiva do Espírito

João da Cruz, relatando em terceira pessoa a história de sua vida espiritual, afirma a plena necessidade de passar pela noite passiva do espírito para chegar à comunhão com Deus.

Por meio dessa total purificação é possível ter uma experiência mais íntima com o Senhor.

Permanecem na alma "faltas do homem velho, embora ele não as perceba, nem as veja". (*Noite Escura,* II, 2, 1) A disponibilidade e docilidade de quem procura o Senhor são tão grandes que a sensibilidade ao divino torna-se sempre mais delicada e espiritual; o humano lentamente desfalece. (*Noite Escura*, I, 8, 1)

O caminho da noite passiva do espírito é analisado por João da Cruz nos capítulos quatro e dez. Devemos procurar o elemento essencial da noite no influxo especial de Deus, pelo qual Ele age na alma, purificando-a e comunicando-lhe graças especiais.

"Essa noite escura é um influxo de Deus na alma, que a purifica de suas ignorâncias e imperfeições habituais, tanto naturais como espirituais." (*Noite Escura*, II, 5, 1) Essa presença viva do mistério insondável de Deus é chamado, na linguagem mística, de "contemplação infusa". (*Noite Escura*, II, 5, 1) Trata-se de luz e amor, comunicados pela fé pura e atuante.

A contemplação infusa tem dois efeitos principais na alma: *purifica* e *ilumina*. Por iluminação, compreende-se a própria pequenez, miséria, pecado e percebe-se a infinita grandeza de Deus. Pela *purificação*, como por um fogo de amor, o mal é queimado; toda a maldade é destruída em si mesma. Ao longo desse processo, a alma sente-se queimar internamente por um ardor especial e percebe que toda a sua vida cresce em intensidade e doação.

A *Subida do Monte Carmelo* e a *Noite Escura* são como a porta de entrada solene e majestosa que é necessário ultrapassar para entrar na plena intimidade do amor. Tudo leva ao amor como entrega e doação. Não se trata de uma contemplação platônica do belo e agradável, mas de um amor efetivo que leva a agir em conformidade com o Amado.

O Poeta de Deus

QUADRO SINTÉTICO
A subida deste "Monte" é "Noite Escura" para { Os Sentidos: pela negação dos apetites ou mortificação dos sentidos   O Espírito { Entendimento: pela mortificação desta faculdade pela Fé. (Esquema I)   Memória: pela mortificação desta faculdade pela Esperança. (Esquema II)   Vontade: pela mortificação desta faculdade pela Caridade. (Esquema III)   (Esquema IV)   Esta dupla purificação ou noite ativa dos Sentidos e do Espírito é necessária para a alma chegar à união com Deus.

ESQUEMA 1º

NOITE ESCURA DOS SENTIDOS
PURIFICAÇAO ATIVA
LIVRO 1

SÍNTESE: *A negação dos apetites ou mortificação dos Sentidos é preparação necessária à Vida de Fé, único meio próximo da união com Deus*

			Cap.	
Noite Escura dos Sentidos	O que o Amado entende por ela			I
	sua necessidade provada pela	razão	"	
		Escritura Sagrada	"	II
	é produzida pela mortificação dos apetites		"	III a V
	danos que os apetites causam à alma	privação do espírito de Deus	"	VI
		cansaço e fadiga	"	VI
		tormento	"	VII
		escuridão e cegueira	"	VIII
		impureza	"	IX
		enfraquecimento na virtude	"	X
	A alma deve mortificar	todo apetite sensível	"	XI
		por mínimo que seja	"	XII
		sobretudo o pecado mortal	"	XIII
	Modo que a alma há de ter para entrar nesta "Noite"		"	XIII
	Propriedades e vantagens desta "Noite"		"	XIV e XV

San Juan de la Cruz

ESQUEMA 2º

NOITE ESCURA DO ESPÍRITO
PURIFICAÇÃO ATIVA DO ENTENDIMENTO
LIVRO II

SÍNTESE: *Para chegar à união com Deus o Entendimento tem de se purificar na Noite Escura pela Fé desnudar de todas as suas apreensões*

As Apreensões do Entendimento
- são purificadas na fé que é (Cap. III-IV)
  - noite para a alma
  - guia da alma para a união
    - natureza desta união
    - as Virtudes Teologais
    - meio para ela
    - dificuldades a vencer
    - nada de criado é meio próximo, só a Fé
- provém de (Cap. X)
  - Via Natural
  - Via Sobrenatural
- por Via Natural são provenientes
  - da ação dos sentidos corporais (tratado do 1º livro)
  - da ação do próprio entendimento
    - natureza dessas apreensões (Cap. XII)
    - a meditação discursiva (Cap. XII a XV)
      - quando deve deixar
      - quando pode ser útil
- por Via Sobrenatural são
  - Corporais recebidas pelos
    - sentidos corporais externos (Cap. XI)
      - danos que causam à alma
      - como a alma se há de haver nelas
    - sentidos corporais interiores – a imaginativa e fantasia –
      - a natureza dessas apreensões (Cap. XVI)
      - por que é que Deus as concede (Cap. XVII)
      - doutrina para os Diretores espirituais (Cap. XVIII)
      - danos que causam (Cap. XIII a XX)
      - não se deve pedir a Deus (Cap. XXI)
      - necessárias no Antigo Testamento: não na Lei da Graça (Cap. XXII)
  - Puramente Espirituais são
    - Particulares e distintas (Cap. XXIII)
      - Visões (Cap. XXIV)
      - Revelações (Cap. XXV a XXVIII)
      - Palavras interiores (Cap. XXIX a XXXI)
      - Sentimentos espirituais (Cap. XXXII)
    - Confusas, obscuras e gerais – É a contemplação na Fé, fim do esforço espiritual

ESQUEMA 3º

NOITE ESCURA DO ESPÍRITO
PURIFICAÇÃO ATIVA DA MEMÓRIA
LIVRO III

SÍNTESE: *Para chegar à união com Deus, a memória*
tem de se { *purificar na Noite Escura pela Esperança*
{ *esvaziar de todas as suas apreensões*

A purificação da Memória quanto às	Apreensões Naturais	como a alma há de se esvaziar delas		Cap. II
		danos que causam	distrações espirituais	" III
			ação do demônio	" VI
			inquietação da alma	" V
		proveitos de se negarem		" VI
	Apreensões imaginárias sobrenaturais	sua natureza		" VII
		danos que causam	erros de juízo	" VIII
			perigo de presunção	" IV
			ação do demônio	" X
			obstáculo à união	" XI
			idéias apoucadas sobre Deus	" XII
		proveitos de se negarem		" XIII
	Apreensões espirituais	uso que delas a alma deve fazer		" XIV

San Juan de la Cruz

ESQUEMA 4°

NOITE ESCURA DO ESPÍRITO
PURIFICAÇÃO ATIVA DA VONTADE
LIVRO III

SÍNTESE: *Para chegar à união com Deus, a vontade*
tem de { *se purificar na Noite Escura pela Caridade*
{ *renunciar às afeições desordenadas*

A purificação da Vontade
- faz-se pela Caridade Cap. XVI
  - a vontade só ama o que é de honra e serviço de Deus
  - a vontade renuncia às afeições desordenadas que nascem de
    - gozo
    - esperança
    - dor
    - temor
- Quanto ao gozo abrange os Bens
  - Temporais Cap. XVII-XX
    - riquezas, ofícios, filhos, etc.
    - perigos que há em os gozar vãmente
    - proveito que se tira em apartar deles o gozo
  - Naturais Cap. XXI-XXIII
    - dotes corporais e dons intelectuais
    - causam seis danos principais
    - a sua negação traz à alma tranquilidade, pureza, etc.
  - Sensíveis Cap. XXIV-XXVI
    - tudo o que cai sob os sentidos interiores e exteriores
    - escurecem a razão, causam tibieza e tédio espiritual, etc.
    - a sua negação traz proveitos espirituais e temporais
  - Morais Cap. XXVII-XXIX
    - o hábito e o exercício das virtudes como morais
    - causam sete danos pondo-se neles o gozo da vontade
    - apartar deles o gozo dá grandes proveitos.
  - Sobrenaturais: Cap. XXX-XXXII
    - dons e graças *gratis datas*
    - causam três danos
      - enganar e ser enganado
      - detrimento acerca da fé
      - vanglória e vaidade
    - proveitos em se negarem
  - Espirituais Cap. XXXIII-XLV
    - tudo o que move e ajuda
      - às coisas divinas
      - ao trato da alma com Deus
      - às comunicações de Deus com a alma
    - dividem-se em Bens
      - Motivos - imagens, oratórios, cerimônias, etc.
      - Provocativos - sermões, pregadores
      - Diretivos } por tratar
      - Perfectivos }

ESQUEMA 5º

NOITE ESCURA
PURIFICAÇÃO PASSIVA DO SENTIDO
LIVRO I

A purificação ativa deixou ainda na alma certos defeitos; se ela é chamada a uma maior perfeição Deus fá-la passar pela purificação passiva do { sentido / espírito

A Noite Escura ou Purificação Passiva do Sentido
- é necessária aos principiantes pelas imperfeições que têm — Cap. I a VII
  - em geral
  - em particular
    - soberba
    - avareza
    - luxúria
    - ira
    - gula
    - inveja
    - preguiça
- causa treva — Cap. VIII
  - purifica-o e acomoda-o ao espírito
  - no sentido é coisa
    - comum e de muitos que pertence aos principiantes
    - amarga e terrível
  - no espírito - ver esq. 6º
- tem três sinais característicos — Cap. IX
  - falta de gozo nas coisas
    - de Deus
    - do mundo
  - trazer a memória em Deus
    - com solicitude
    - com cuidado
  - não poder meditar nem discorrer
- como a alma deve se haver — Cap. X e XI
  - deixar a meditação e o discurso
  - deixar-se ficar
    - em sossego e quietude
    - livre de notícias e pensamentos
  - ter advertência amorosa em Deus sem cuidado de o sentir
- causa inumeráveis proveitos — Cap. XII e XIII
  - deleitação de paz
  - geral memória e solicitude em Deus
  - limpidez e pureza de alma
  - exercício das virtudes
  - granjear os doze frutos do Espírito Santo
  - livrar-se do
    - demônio
    - mundo
    - carne

Passagem à Noite do Espírito - Cap. XIV

San Juan de la Cruz

ESQUEMA 6º

NOITE ESCURA
PURIFICAÇÃO PASSIVA DO ESPÍRITO
LIVRO II

Acomodado o sentido ao espírito pela purificação passiva do Sentido, a alma, que Deus quer levar adiante, entra no Caminho e Via do Espírito, que é dos proficientes e aproveitados, ou da Contemplação infusa ou via iluminativa.

A Noite Escura ou Purificação Passiva do Espírito	é coisa	horrenda e espantosa para o espírito de muito poucos - proficientes e aproveitados que raro se manifesta por completo			
	não se segue logo à Noite Escura do Sentido			Cap.	I
	é necessária aos aproveitados para lhes	tirar os defeitos habituais e atuais		"	II
		purificar completamente o sentido		"	III
		acomodar o espírito à união de amor com Deus			
	é para a alma causa de	noite, pena, tormento		"	V a VIII
		alumia		"	IX
		purifica		"	X
		grandes proveitos	produz	amor veemente	"	XI
				outros saborosos efeitos	" XII e XIII
			liberta-a	da obra das potências	
				dos apetites	" XIV
	dá segurança à alma porque	nela vai às escuras		"	XVI
		esta noite e contemplação escura é secreta		"	XVII
		esta contemplação é uma escada para Deus		"	XVIII a XX
		vai disfarçada com a tríplice veste das Virtudes Teologais		"	XXI
	é para a alma	ditosa ventura		"	XXII
		esconderijo admirável		"	XXIII
		paz e quietude		"	XXIV

O Poeta de Deus

ESQUEMA 7º

CÂNTICO ESPIRITUAL

Em linguagem figurada e misteriosa o Cântico descreve os diferentes estados pelos quais passa a alma, sob a crescente inflamação dum amor cada vez mais ardente, até atingir a união com Deus.

Os três Estados ou Vias de Exercício Espiritual:

Via purgativa (canções em que):
- A alma:
  - Invoca o Amado diz-lhe as suas ânsias de amor — Cap. I
  - Pede a ajuda dos anjos – pastores — " II
  - Diz a sua determinação em buscar o Amado — " III
  - Pede às criaturas notícias do Amado — " IV

Via iluminativa (canções em que):
- As criaturas:
  - Dão testemunho da grandeza de Deus — " V
  - A sua resposta aumenta na alma o amor e anseio de ver a Deus — " VI-VII
- A alma:
  - Deseja morrer para ver a Deus — " VIII
  - Pede ao Amado que a mate de amor — " IX-XI
  - Fala com a Fé que encerra e encobre a figura do Amado — " XII

Via punitiva pelo Desposório espiritual (canções em que):
- O Amado:
  - Descobre à alma alguns raios da sua divindade — " XIII
- A alma:
  - Canta as grandezas do Amado — " XIV-XV
  - Invoca o auxílio dos anjos — " XVI
  - Diz à aridez que se detenha e invoca o Espírito de Amor — " XVII
  - Pede à sensualidade que a não perturbe — " XVIII
  - Suplica ao Amado que se enamore das virtudes que lhe deu e lhe dê a conhecer a Sua essência divina — " XIX
- O Amado:
  - Cede às instâncias da alma, prepara-a para o matrimônio espiritual — " XX-XXI

Matrimônio espiritual — Ver página seguinte

	O Esposo:	
	Canta a vitória da esposa e as propriedades do estado de matrimônio.	" XXII
	Descobre à alma-esposa os seus segredos e mistérios	" XXIII
	A esposa:	
	Canta o feliz e alto estado em que se vê posta	" XXIV
	Louva o Esposo pelas mercês que concede às almas devotas	" XXV
Matrimônio espiritual (canções em que)	Canta a mercê de Deus recolhendo-a no íntimo do Seu amor	" XXVI
	Canta a entrega mútua neste matrimônio espiritual.	" XXVII a XXVIII
	Responde aos mundanos que lhe censuram a vida comtemplativa	" XXIX
	Volta a falar com o Esposo:	
	oferece-lhe as flores das virtudes diz que Deus se enamorou dela atribui-Lhe todo o bem que possui pede-Lhe que a torne mais digna do Seu amor	" XXX a XXXIII
	O Esposo: Louva a pureza da esposa	" XXXIV
	Canta os proveitos que a solidão lhe trouxe	" XXXV

O Estado Beatífico
- Único desejo da alma chegada a este ponto de perfeição
- Descrito nas canções em que
  - A esposa fala com o Esposo: " XXXVI
  - Do seu mútuo amor " XXXVII
  - Do conhecimento de Deus " XXXVIII
  - Da felicidade eterna " XXXIX
  - Da união com Deus e do céu " XL
- no Epílogo

ESQUEMA 8º

VIVA CHAMA DE AMOR

Servindo-se da comparação de um madeiro abrasado pelo fogo, o místico Doutor declara alguns dos admiráveis efeitos e deleites produzidos na alma na sua íntima união com Deus.

Inflamada na divina união a alma diz	seu desejo de morrer dirigindo-se ao Espírito Santo que (I Canção)		é a "Viva Chama de Amor"	1º	verso
		a fere	com ternura de vida de Deus	2º	"
			onde não chega o { sentido / demônio }	3º	"
			Já não dolorosamente mas transformando-a em amor	4º	"
		queira acabar de	consumar o matrimônio espiritual pela visão beatífica	5º	"
			romper a "teia" da vida que ainda a separa de Deus	6º	"
	que esta obra é feita pela SS.ᵐᵃ Trindade por meio (II Canção)	do "Cautério Suave" que	é o Espírito Santo	1º	"
			causa "saborosa chaga"	2º	"
		da "Branda Mão" que é Deus Pai		3º	"
		do "Toque Delicado" que	é o Verbo	"	"
			"sabe a vida eterna"	4º	"
			paga todos os trabalhos da alma	5º	"
			matando, tem trocado a morte em vida	6º	"

San Juan de la Cruz

Inflamada na divina união a alma diz:

- **as mercês recebida pelo conhecimento dos atributos de Deus (III Canção)**
  - que, como "lâmpadas brilhantes nela"
    - luzem
    - ardem
    - dão calor de amor — 1º verso
  - em "cujos resplendores" é
    - ilustrada
    - transformada
    - feita resplendor — 2º "
  - em que
    - pelas "cavernas" (potências da alma) sente e goza as grandezas da sabedoria de Deus, que não alcançava por o "sentido" (capacidade da alma para sentir e gozar os objetos das potências espirituais) estar "dantes escuro e cego" — 3º, 4º, 5º "
    - feita resplandecente luz, dá ao Amado, "com estranho primor", a mesma luz e calor de amor que recebeu. — 6º "

- **dirigindo-se ao Esposo, dois efeitos admiráveis desta união, ou seja: (IV Canção)**
  - um sentimento da presença divina que
    - é o "acordar de Deus" na alma
      - a deixa contemplar Deus
        - distintamente — 1º "
        - quanto pode nesta vida
        - no esplendor da Sua Majestade — 2º "
      - se opera
        - mansa e amorosamente
        - onde Ele só mora — 3º "
  - O "aspirar de Deus" em que, unida a Ele, ela O conhece e ama como Deus, Nele e com Ele — 4º, 5º, 6º "

Estes esquemas foram extraídos das *Obras Completas do Doutor Místico São João da Cruz*, Edições "Carmelo", Aveiro, Portugal, 4ª edição de 1977.

Cântico Espiritual

É a pérola trabalhada, maravilhosamente elaborada, saída do cárcere de Toledo, subindo dolorosamente o seu calvário; no abandono solitário e profético, ele cantarola na pequena cela!

> *Onde é que te escondeste,*
> *Amado, e me deixaste com gemido?*
> *Como o cervo fugiste,*
> *Havendo-me ferido;*
> *Saí, por ti clamando, e eras já ido.*

O título que deu ao seu poema, *Canciones Espirituales* ou *Canciones de la Esposa*, é marcado por grande simplicidade e não agradou muito aos estudiosos, mais acostumados a frases complexas. O título atual, *Cântico Espiritual*, foi dado por Frei José de Jesus e Maria, em 1628.

O Cântico Espiritual é o escrito preferido de São João da Cruz; ele descreve o itinerário místico do homem que, superando suas limitações, consegue mergulhar na intimidade com Deus, longe da tempestade das paixões humanas.

As primeiras 31 estrofes brotam como flores maravilhosas no tétrico cárcere de Toledo. É aqui, no silêncio, na solidão e na monotonia dos dias e noites intermináveis, que João da Cruz pensa, elabora e canta o *Cântico Espiritual*. Esta não é uma simples hipótese, mas uma realidade corroborada pelos seus amigos mais íntimos e queridos.

A carmelita descalça, Madre Ana, confirma que várias vezes ouviu-o dizer que, no cárcere, deleitava-se cantando essa canção. O mesmo diz a Irmã Isabel de Jesus Maria, e em especial a Irmã Madalena do Espírito Santo.

Saindo do cárcere, João da Cruz retoma o *Cântico Espiritual* e o aperfeiçoa. As últimas estrofes foram certamente motivadas pelo diálogo simples entre o místico e a Irmã Catarina, cozinheira do Mosteiro de Beas. Ela lhe pergunta, um dia: "Por que quando ela passa perto do tanque, na horta, as rãs que estão na beira do tanque, quando ouvem seus passos, pulam na água e se escondem bem no fundo?"

Mestre João responde que "aquele é para as rãs o centro e o lugar mais seguro" e logo, como bom guia espiritual, faz a sua aplicação: "Assim deve fazer você... fugir das criaturas e mergulhar-se no profundo e no centro que é Deus, refugiando-se Nele..."

Comentário

Cremos que João da Cruz, no cárcere de Toledo, nunca pensou em fazer o comentário de sua poesia, mas a insistência dos seus irmãos e irmãs do Carmelo e de seus amigos mais chegados fizeram-no decidir-se por isso. Qual é, afinal, o sentido escondido atrás de um longo poema de 42 estrofes?

Todo homem de Deus, imbuído da verdadeira sabedoria, é humilde e pobre, dá com alegria o que possui e trabalha com extrema simplicidade o que se agita em seu coração, deixando jorrar com força e suavidade a água viva. João da Cruz, benigna e docemente provocado, explica em Beas e Granada a poesia do *Cântico*. É importante frisar que todo místico manifesta a riqueza interior não para fazer literatura, mas por uma exigência interna e a pedido dos discípulos, que desejam ver comunicado o mistério do amor. Assim aconteceu também com Jesus. Se os discípulos não Lhe tivessem pedido: "Mestre, ensina-nos a rezar", sem dúvida Ele não teria proclamado a oração mais contemplativa e comprometedora que conhecemos: o Pai-Nosso.

No *Cântico Espiritual*, temos a alma límpida e transparente do primeiro carmelita descalço. Ele se revela com a simplicidade de uma criança inocente. Todo sábio e santo é extremamente simples, puro e cristalino. Esse cântico pode ser considerado a autobiografia de João da Cruz, que deixa transparecer a alegria transbordante do seu encontro com o Amado. É uma maravilhosa sinfonia, que vai aumentando e conduzindo o espírito à plena fusão do ser. Tendo como mestre o místico espanhol, o homem vai se reencontrando consigo mesmo, com o Universo e com Deus.

Chama Viva de Amor

A poesia *Chama Viva de Amor* foi composta em Granada, em 1584, mas o comentário orgânico foi escrito quando João da Cruz era Vigário Provincial de Andaluzia (1585-1587).

A destinatária desse comentário não é uma religiosa e sim uma leiga, a nobre senhora Ana de Peñalosa, que o conheceu em 1582 e tornou-se sua amiga fiel, compreensiva, defensora silenciosa da reforma carmelitana.

A *Chama Viva de Amor* é o ápice da teologia mística, a explosão de um espírito que, invadido pela força de Deus, não consegue conter a alegria que borbulha no seu interior. São quatro estrofes rápidas, movimentadas, que exigem uma atenção particular para a compreensão do sentido oculto.

Doutrina

O comentário brotou com doce violência mística no coração de João da Cruz, e a primeira redação foi composta em quinze dias. Temos duas redações da *Chama* porque, com o distanciamento provocado pela passagem do tempo, ele percebe que é necessário acrescentar explicações para torná-la mais compreensível.

Na primeira estrofe, o santo descreve a atividade humana que adere plenamente às moções do Espírito Santo. O homem, experimentando a sua pobreza e a grandeza de Deus, pede que seja rompida a teia do humano para contemplar o infinito.

> *Oh! Chama de amor viva*
> *Que ternamente feres*
> *De minha alma no mais profundo centro!*
> *Pois não és mais esquiva,*

> *Acaba já, se queres,*
> *Ah! rompe a teia deste doce encontro.*

Na segunda estrofe, Deus se comunica com a alma habitando-a com a Sua graça e o Seu amor. É uma nova vida que começa a existir. Não é mais o homem que vive, mas sim o Cristo que vive nele, em participação e comunhão de amor.

> *Oh! cautério suave!*
> *Oh! regalada chaga!*
> *Oh! branda mão! Oh! toque delicado*
> *Que a vida eterna sabe,*
> *E paga toda a dívida!*
> *Matando, a morte em vida me hás trocado.*

Na terceira estrofe, João da Cruz descreve a transformação da alma que se torna "sombra de Deus". Nesta transformação, Deus e a alma unem-se profundamente em comunhão de vontade, vida e ser.

> *Oh! lâmpadas de fogo*
> *Em cujos resplendores*
> *As profundas cavernas do sentido,*
> *Que estava escuro e cego,*
> *Com estranhos primores*
> *Calor e luz dão junto a seu Querido!*

Na quarta estrofe, dá-se a união doce e amorosa da alma com o Esposo; é a consumação do amor que se realiza plenamente e comunica paz interior. É o mergulho no divino pacífico e tranqüilo que transforma toda a visão do Universo. Somente no Absoluto o homem sente-se realizado, feliz com sua existência que, purificada do humano, torna-se sempre mais divina.

> *Oh! quão manso e amoroso*
> *Despertas em meu seio*

Onde tu só secretamente moras:
Nesse aspirar gostoso,
De bens e glória cheio,
Quão delicadamente me enamoras!

Como ler São João da Cruz

Devemos reconhecer que nem sempre é fácil ler e entender o místico espanhol. Ele mesmo é consciente disso: "Peço ao leitor que não se maravilhe se esta doutrina... parecer-lhe um pouco dura de compreender". Quando se penetra no mistério de Deus e do homem, somos todos iniciantes e encontramos dificuldade em expressar o que, confusamente, entrevemos ou intuímos.

O centro da espiritualidade joanista não é o nada, mas Deus, ao qual chegamos pela necessária purificação.

1. É necessária uma primeira leitura tranqüila, sem preocupar-se demasiadamente em entender tudo, deixando de lado quanto parecer difícil.

2. Tentar captar frases, pensamentos fáceis que seduzem a nossa sensibilidade, o nosso espírito, e voltar-se com mais atenção para eles.

3. Reler o texto com maior atenção, esforçando-se por compreender o que o místico quer expressar, penetrando no significado do seu vocabulário e linguagem.

4. É somente por meio de uma leitura meditativa constante que se pode penetrar na doutrina de São João da Cruz.

Esses critérios valem para qualquer escrito desse gigante da espiritualidade.

Conclusão

São João da Cruz não pertence à estrutura da Igreja, ele é dom do eterno à humanidade; é livre como a gaivota que, levantando vôo do mar do cotidiano, ergue-se rumo ao azul infinito, tornando-se modelo e esperança para os homens que almejam uma vida plena.

A maioria das pessoas não chega a conscientizar-se do porquê da existência. Comem para viver, vivem para comer, reproduzem-se, não lutam para ser fermento de vida e luz para os demais. A sabedoria é a capacidade de permanecer contemplando silenciosamente o desenrolar da história, descobrindo um "não sei quê" escondido, que é seiva de vida nova.

João da Cruz, que não influiu nas decisões políticas do seu tempo, hoje influi no coração de quem se aproxima de seus escritos. A vida é caminhar, é preciso convencer-se de que é só semeando a esperança que a vitória do bem acontece.

Frei Patrício Sciadini, OCD.

Seleção de Poemas

CANÇÕES DA ALMA

Em uma noite escura,
De amor em vivas ânsias inflamada,
Oh! ditosa ventura!
Saí sem ser notada,
Já minha casa estando sossegada.

Na escuridão, segura,
Pela secreta escada, disfarçada,
Oh! ditosa ventura!
Na escuridão, velada,
Já minha casa estando sossegada.

Em noite tão ditosa,
E num segredo em que ninguém me via,
Nem eu olhava coisa,
Sem outra luz nem guia
Além da que no coração me ardia.

Essa luz me guiava,
Com mais clareza que a do meio-dia
Onde me esperava
Quem eu bem conhecia,
Em sítio onde ninguém aparecia.

Oh! noite que me guiaste!
Oh! noite mais amável que a alvorada!
Oh! noite que juntaste
Amado com amada,
Amada já no Amado transformada!

Em meu peito florido
Que, inteiro, para ele só guardava,
Quedou-se adormecido,
E eu, terna, o regalava,
E dos cedros o leque o refrescava.

Da ameia a brisa amena,
Quando eu os seus cabelos afagava,
Com sua mão serena
Em meu colo soprava,
E meus sentidos todos transportava.

Esquecida, quedei-me,
O rosto reclinado sobre o Amado;
Tudo cessou. Deixei-me,
Largando meu cuidado
Por entre as açucenas olvidado.

(*Noite Escura*, Prólogo)

CANTOS DE SEREIAS

A vós, aves ligeiras,
Leões, cervos e gamos saltadores,
Montes, vales, ribeiras,
Águas, ventos, ardores,
E, das noites, os medos veladores:

Pelas amenas liras
E cantos de sereias, vos conjuro
Que cessem vossas iras,
E não toqueis no muro,
Para a Esposa dormir sono seguro.

Entrou, enfim, a Esposa
No horto ameno por ela desejado;
E a seu saber repousa,
O colo reclinado
Sobre os braços dulcíssimos do Amado.

Sob o pé da macieira,
Ali, comigo foste desposada;
Ali te dei a mão,
E foste renovada
Onde a primeira mãe foi violada.

LÂMPADAS DE FOGO

Oh! chama de amor viva
Que eternamente feres
De minha alma no mais profundo centro!
Pois não és mais esquiva,
Acaba já, se queres,
Ah! rompe a tela deste doce encontro.

Oh! cautério suave!
Oh! regalada chaga!
Oh! branda mão! Oh! toque delicado
Que a vida eterna sabe,
E paga toda dívida!
Matando, a morte em vida me hás trocado.

Oh! lâmpadas de fogo
Em cujos resplendores
As profundas cavernas do sentido,
– Que estava escuro e cego, –
Com estranhos primores
Calor e luz dão junto a seu Querido!

Oh! quão manso e amoroso
Despertas em meu seio
Onde tu só secretamente moras:
Nesse aspirar gostoso,
De bens e glória cheio,
Quão delicadamente me enamoras!

CONTRASTES

Sendo a chama
extremamente amorosa,
fere a vontade com ternura e amor;
mas como a vontade em si
é extremamente seca e dura,
e o que é duro
se sente por contraste
com o que é suave,
e a secura
por contraste ao amor,
quando tal chama investe assim
com ternura e amor sobre a vontade,
esta sente sua própria e natural
dureza e secura para com Deus.
Não sente, portanto, o amor e a ternura da chama,
– por estar prevenida com sua natural dureza e secura,
que não comportam os dois contrários, ternura e amor.
Só o sentirá quando forem aqueles vencidos por estes,
reinando por fim, na vontade,
unicamente ternura e amor de Deus.

ABRASADO AMOR

Oh! chama de amor viva,
que ternamente feres.
Oh! abrasado amor,
que com teus amorosos movimentos,
deliciosamente me glorificas,
conforme toda a capacidade
e força de minha alma!
Dando-me inteligência divina,
segundo toda a aptidão e capacidade
do meu entendimento,
comunicando-me amor
em proporção de toda a força de minha vontade;
e ao mesmo tempo deleitando-me
na íntima substância de mim mesma,
com a torrente de tuas delícias,
por teu divino contato
e união substancial,
segundo a maior pureza
de minha substância,
bem como toda a capacidade
e extensão de minha alma.

ETERNA FONTE

Aquela eterna fonte está escondida,
mas bem sei onde tem sua guarida,
mesmo de noite.

Sua origem não a sei, pois não a tem,
Mas sei que toda a origem dela vem,
mesmo de noite.

Sei que não pode haver coisa tão bela,
E que os céus e a terra bebem dela,
mesmo de noite.

Eu sei que nela o fundo não se pode achar,
E que ninguém pode nela a vau passar,
mesmo de noite.

Sua claridade nunca é obscurecida,
e sei que toda a luz dela é nascida,
mesmo de noite.

Sei que tão caudalosas são suas correntes,
que céus e infernos regam, e as gentes,
mesmo de noite.

A corrente que dessa fonte vem
É forte e poderosa, eu o sei bem,
mesmo de noite.

A corrente que destas duas procede,
Sei que nenhuma delas a precede,
mesmo de noite.

Aquela eterna fonte está escondida,
Neste pão vivo para dar-nos vida,
mesmo de noite.

De lá está chamando as criaturas,
Que nela se saciam às escuras,
mesmo de noite.

Aquela viva fonte que desejo,
Neste pão de vida já a vejo,
mesmo de noite.

SOLIDÃO SONORA

No Amado acho as montanhas,
Os vales solitários, nemorosos,
As ilhas mais estranhas,
Os rios rumorosos,
E o sussurro dos ares amorosos;

A noite sossegada,
Quase aos levantes do raiar da aurora;
A música calada,
A solidão sonora,
A ceia que recreia e que enamora.

Caçai-nos as raposas,
Que está já toda em flor a nossa vinha;
Enquanto destas rosas
Faremos uma pinha;
E ninguém apareça na colina!

Detém-te, Aquilão morto!
Vem, Austro, que despertas os amores:
Aspira por meu horto,
E corram seus olores,
E o Amado pascerá por entre as flores.

Ó ninfas de Judéia,
Enquanto pelas flores e rosais
Vai recendendo o âmbar,
Ficai nos arrabaldes
E não ouseis tocar nossos umbrais.

Esconde-te, Querido!
Voltando tua face, olha as montanhas;
E não queiras dizê-lo,
Mas olha as companheiras
Da que vai pelas ilhas mais estranhas.

SAUDADE

Por sobre aquelas correntes
que em Babilônia encontrava,
ali me sentei chorando,
ali a terra regava,
recordando-me de ti,
ó Sião, a quem amava.
Tua lembrança era doce,
e com ela mais chorava.
Deixei os trajos de festa,
os de trabalho tomava,
pendurei nos salgueirais
a música que levava,
colocando-a na esperança
daquilo que em ti esperava.
Ali me feriu o amor,
e o coração me arrancava.
Disse-lhe que me matasse,
pois de tal sorte chagava.
Metia-me em seu fogo,
sabendo que me abrasava,
desculpando a mariposa
que no fogo se acabava.
Estava-me consumindo,
e só em ti respirava.
Em mim, por ti, eu morria
e por ti ressuscitava;
porque a lembrança de ti
dava vida e a tirava.

MONTANHAS E VALES

No Amado acho as montanhas,
os vales solitários, nemorosos.

As montanhas têm altura,
são fartas, largas e formosas,
cheias de encantos, com flores perfumadas.
O Amado é para mim essas montanhas.

Os vales solitários
são quietos, amenos, frescos;
dão sombra, e estão cheios de doces águas;
com a variedade de seus arvoredos
e o suave canto das aves,
proporcionam alegria e deleite ao sentido;
com a sua solidão e silêncio,
oferecem refrigério e descanso.
Esses vales, eis o que é o meu Amado para mim.

TRANQÜILA NOITE

A noite tranqüila,
como canta a alma,
não é semelhante à noite escura.
E, antes, como a noite
já próxima ao raiar da aurora,
semelhante ao raiar da manhã.

O sossego e quietude em Deus,
de que a alma goza,
não lhe é de todo obscuro,
como uma noite cerrada;
é um repouso e tranqüilidade
em luz divina,
num novo conhecimento de Deus,
em que o espírito se acha suavissimamente quieto,
sendo elevado à luz divina.
Assim como o raiar da aurora
dissipa a escuridão da noite,
e manifesta a luz do dia,
assim o espírito sossegado e quieto em Deus
é levantado da treva do conhecimento natural,
à luz matutina do conhecimento sobrenatural
do próprio Deus.

OH! DITOSA VENTURA

Em uma noite escura,
De amor em vivas ânsias inflamada,
Oh! ditosa ventura!
Saí sem ser notada,
Já minha casa estando sossegada.

Na escuridão, segura,
Pela secreta escada disfarçada,
Oh! ditosa ventura!
Na escuridão, velada,
Já minha casa estando sossegada.

A fé, escura noite,
ilumina a alma, que também é noite escura.
"A noite se converte em claridade
para me descobrir as minhas delícias."*
Nos deleites de minha pura contemplação,
de minha união com Deus,
a noite da fé será meu guia,
evidenciando-se
que a alma há de estar em treva
para ter luz neste caminho.

* Salmo 138,11

MENSAGEIRO E MENSAGEM

Não queiras enviar-me
mais mensageiro algum
pois não sabem dizer-me o que desejo.

Não queiras, doravante,
que te conheça tão por medida,
nestes mensageiros de notícias e sentimentos
que se me dão de ti,
tão distantes e alheios do desejo
que minha alma tem de ti.
Os mensageiros,
para um coração ansioso pela presença,
bem sabes, Esposo meu,
aumentam a dor:
de uma parte, por renovarem a chaga
com a notícia que trazem,
e de outra,
porque parecem adiar a tua vinda.
Peço-te, pois, que de hoje em diante
não queiras enviar-me estas notícias distantes.
Se até aqui pude passar com elas,
por não te conhecer nem te amar muito,
agora, a grandeza do amor que há em mim
já não pode satisfazer-se com esses recados;
acaba, portanto, de entregar-te.

Esposo meu, que andas concedendo de ti
parceladamente à minha alma,
acaba por dar-te de uma vez.
Eu te quero todo,
e eles não sabem nem podem dizer-me
tudo de ti:
coisa alguma da terra, nem do céu
pode dar à alma
a notícia que ela deseja ter de ti
e, assim, eles não sabem dizer-me
o que desejo.
Em lugar, pois, destes mensageiros,
sê tu o mensageiro e a mensagem.

OH! CHAMA VIVA DE AMOR

A tua palavra é chama ardente.
Essas palavras são espírito e vida.
Percebem-nas as almas que têm ouvido para ouvi-las;
e estas são as almas puras e enamoradas.
As que não têm o paladar sadio,
e gostam de outras coisas,
não podem saborear o espírito e vida
que em tais palavras se encerra,
antes só acham insipidez.
Por isso,
quanto mais sublimes eram as palavras
ditas pelo Filho de Deus,
tanto maior era o aborrecimento de alguns
que estavam imperfeitos.
Estando a alma
transformada em chama de amor,
em que recebe a comunicação do Pai,
do Filho e do Espírito Santo,
por que seria coisa incrível
dizer que ela goza de um vislumbre de vida eterna,
embora não ainda de modo perfeito,
porque não o sofre a condição desta vida?
Todavia é tão sensível o deleite
produzido nela
por aquele chamejar do Espírito Santo,
que a faz provar o sabor de vida eterna.
A alma, nesta chama,
sente tão vivamente a Deus
e dele goza com tanto sabor e suavidade,
que diz: Oh! chama viva de amor!

GLORIOSO ARDOR

Oh! chama do Espírito Santo
que tão íntima e ternamente
transpassas a substância de minha alma,
queimando-a com teu glorioso ardor,
pois já estás tão amiga
que mostras vontade de te dares a mim
na vida eterna!
Se até aqui minhas petições
não chegavam aos teus ouvidos,
quando eu andava outrora com ânsias
e fadigas de amor,
a penar no sentido e no espírito
por causa de minha grande fraqueza e impureza,
e da pouca fortaleza de amor que tinha então,
e rogava-te que me desatasses do corpo
e me levasses contigo,
– porque o amor impaciente
não me deixava ter muita conformidade
com esta condição de vida mortal
em que me querias ainda.
E se os ímpetos anteriores de amor
não eram suficientes,
por não terem tanta qualidade
para alcançar o que desejava,
agora já estou bem fortalecida no amor.

TESOURO ESCONDIDO

Se está em mim
aquele a quem minha alma ama,
como não o acho nem o sinto?
A causa é estar ele escondido,
e não te esconderes também para achá-lo e senti-lo.

....

Teu amado Esposo é tesouro escondido
no campo de tua alma;
convêm, pois, para o achares, que,
esquecendo todas as tuas coisas
e alheando-te a todas as criaturas,
te escondas em teu aposento interior do espírito.

SEM TI, O CORAÇÃO ESTÁ VAZIO

Não pode o coração humano
estar em paz e sossego sem alguma posse,
e quando está bem preso,
já não se possui a si mesmo, nem a coisa alguma.
Se, no entanto, não possui ainda perfeitamente o objeto amado,
sentirá inquietação na mesma medida em que ele lhe falta,
e só descansará quando o possuir de modo a satisfazer-se.
Até então estará sempre a alma
como um recipiente vazio que espera ser enchido,
ou como um faminto que deseja comida;
ou como o enfermo que suspira pela saúde,
e como quem estivesse suspenso no ar sem ter onde se apoiar.
Desta forma está o coração bem enamorado.
E sentindo-o aqui a alma diz:
Por que assim o deixaste
vazio, faminto, solitário
chagado e doente de amor,
suspenso no ar?

INTREPIDEZ DE AMOR

Não se afronta perante o mundo
a alma que ama,
quanto às obras feitas por amor de Deus,
nem as esconde com vergonha,
ainda que o mundo inteiro
haja de condená-las.
Na verdade,
quem tem vergonha, diante dos homens,
de confessar o Filho de Deus,
deixando de fazer as obras do seu serviço,
o próprio Filho de Deus
se envergonhará de o confessar diante de seu Pai.
A alma com intrepidez de amor
antes se preza de que todos vejam
o grande fato que realizou,
para a glória de seu Amado,
em perder-se a todas as coisas do mundo.

AMOROSOS REGALOS

Os amorosos regalos
feitos pelo Esposo à alma
são inestimáveis;
os louvores e carícias do amor divino
que se trocam freqüentemente entre os dois
são indizíveis.
Ela se emprega em louvar e agradecer a Ele;
Ele, em engrandecer, louvar e agradecer a ela:
"Como és formosa, amiga minha,
como és bela!
Teus olhos são como os de pombas".
Ao que ela responde:
"Como és formoso, Amado meu,
como és gentil!"
E outras muitas graças e louvores
se dão mutuamente a cada passo.

ABRAÇO DO AMADO

Em seu íntimo o Esposo secretamente habita,
por ser no ponto mais profundo da substância da alma,
como já explicamos,
que se realiza este doce abraço.
Convém saber que Deus
habita escondido e silencioso
dentro da substância de todas as almas;
se assim não fora,
não poderiam elas permanecer com vida.
Há, porém, diferença,
e muito grande, no modo desta morada.
Em algumas mora sozinho,
e em outras não;
em umas, habita contente;
em outras, descontente;
naquelas, mora como em sua casa,
governando e regendo tudo;
nestas, mora como estranho em casa alheia
onde não deixam mandar nem fazer coisa alguma.
A alma em que moram menos apetites e gostos próprios,
esta é onde o Esposo mora mais só e mais satisfeito,
e mais como em sua própria casa,
regendo-a e governando-a.
E tanto mais secretamente mora,

quanto mais está só.
Assim, nesta alma que já não abriga
dentro de si apetite algum, nem figuras e formas,
ou afetos de quaisquer criaturas,
aí reside o Amado mui secretamente,
e o seu abraço é tanto mais íntimo,
interior e apertado,
quanto mais pura e solitária
se acha ela de tudo que não é Deus.

LEMBRANÇA

Dizei, como em terra alheia
onde por Sião chorava
cantarei eu a alegria
que em Sião desfrutava?
No olvido a deixaria
se em terra alheia gozava.
Com meu palato se junte
a língua com que falava,
se de ti eu me olvidar
na terra onde morava.
Sião, pelos verdes ramos
que Babilônia me dava
olvide-me a minha destra,
coisa que em ti mais amava,
se de ti não me lembrar
no que mais gosto me dava,
e se eu tivesse festa
e sem ti a festejava.
Ó filha de Babilônia,
mísera e desventurada!
Bem-aventurado era
aquele em quem confiava,
que te há de dar o castigo
que da tua mão levava;
e juntará os seus filhos
e a mim, que em ti chorava,
à pedra, que era Cristo,
pelo qual eu te deixava.

EXERCÍCIO DE AMOR

Na interior adega
Do amado meu, bebi; quando saía,
Por toda aquela várzea
Já nada mais sabia,
E o rebanho perdi que antes seguia.

Ali me abriu seu peito
E ciência me ensinou mui deleitosa;
E a ele, em dom perfeito,
Me dei, sem deixar coisa,
E então lhe prometi ser sua esposa.

Minha alma se há votado,
Com meu cabedal todo, a seu serviço;
Já não guardo mais gado,
Nem mais tenho outro ofício,
Que só amar é já meu exercício.

CHAMA VIVA

Oh! chama viva de amor,
Que ternamente feres
De minha alma no mais profundo centro!
Pois não és mais esquiva,
Acaba já, se queres,
Ah! rompe a tela deste doce encontro.

Esta chama de amor
é o espírito de seu Esposo,
o Espírito Santo.
Sente-o a alma agora em si,
não apenas como fogo
que a mantém consumida e transformada
em suave amor,
mas como fogo que
arde no seu íntimo, produzindo chama.
E essa chama,
cada vez que flameja,
mergulha a alma em glória,
refrigerando-a numa atmosfera de luz diurna.
Eis a operação do Espírito Santo
na alma transformada em amor:
os atos interiores que produz
são labaredas inflamadas de amor,
nas quais a alma,
tendo a vontade unida a ele,
ama de modo elevadíssimo,
toda feita um só amor
com aquela chama.

CARÍCIA

Oh! mão tão branda!
Oh! toque delicado!

Mão... que simboliza o Pai onipotente e misericordioso,
sendo tão generosa e liberal
quanto é poderosa e rica,
concederá preciosas e magníficas dádivas
quando se abrir para fazer mercês à alma.
Oh! mão tanto mais branda para mim,
por me tocares brandamente;
pois se tocasses um pouco mais pesadamente,
seria bastante para aniquilares o universo!
Porque só com teu olhar a terra estremece*
os povos desfalecem
e os montes se desfazem.
Oh! mão tão branda,
és para mim, agora,
amigável e graciosa,
tocando-me com brandura, afeto e graça.
Tu fazes morrer e fazes viver,
e não há quem possa fugir de ti!
Tu, porém, oh! divina vida!
nunca matas a não ser para dar vida,
assim como nunca chagas
a não ser para sarar.
Quando castigas,
basta que toques de leve, para logo ser consumido o mundo;
mas quando regalas, te pousas sobre a alma,
e não se podem contar as delícias de tua suavidade.

* Salmo 103

TOQUE DELICADO

Oh! muito e muitíssimo delicado
toque do Verbo,
tanto mais delicado para mim, quanto te fizeste sentir
suave e fortemente
ao Profeta no sopro da branda vibração
depois de derrubados os montes
e despedaçadas as pedras do monte Horeb,
com a sombra de teu poder e força
que caminhava à tua frente!
Oh! aragem branda,
que sopras tão tênue e delicada, dize:
como tocas sutil e delicadamente,
ó Verbo, Filho de Deus, se és tão terrível e poderoso?
Oh! ditosa e mil vezes ditosa
a alma em que tocas sutil e delicadamente,
tu que és tão terrível e possante!
Dize isto ao mundo!
Ou antes, não o queiras dizer ao mundo,
porque ele não entende de aragem branda,
e não te sentirá
pois não te pode receber nem te pode ver.
Só poderão ver-te e sentir teu toque delicado,
Deus meu e vida minha,
aqueles que, alheando-se do mundo,
se sutilizarem espiritualmente
convindo sutil com sutil,
e assim se tornem aptos para te sentir e gozar.
A esses, tanto mais delicadamente tocas,
quanto, estando já sutil, polida e purificada

a substância da alma,
estranha a toda criatura
e a todo vestígio e toque de coisa criada,
estás tu escondido no seu íntimo,
morando e permanecendo nela.
E nisto os escondes,
no esconderijo de tua Face – que é o Verbo,
a salvo da conturbação dos homens.

DOÇURA E PAZ

Considera que a flor mais delicada
mais depressa fenece
e perde o perfume;
guarda-te, pois, de querer caminhar
pelo espírito de sabor,
porque não serás constante;
mas escolhe para ti
um espírito forte,
não apegado a coisa alguma,
e encontrarás doçura e paz em abundância;
porque a fruta mais saborosa e duradoura
colhe-se em terra fria e seca.

ESTRANHOS PRIMORES

Grande satisfação e alegria da alma:
ver que Deus dá mais
do que ela própria é e vale em si mesma,
e que o faz com aquela luz e calor divinos
que recebe de Deus.
Esta igualdade de amor se realiza
na vida eterna mediante a luz da glória;
e aqui na terra,
pela fé já muito esclarecida.
Assim, as profundas cavernas do sentido,
com estranhos primores,
calor e luz dão junto ao seu Querido.
Junto – diz a alma – porque conjuntamente
se comunicam a ela o Pai e o Filho
e o Espírito Santo,
que nela são luz e fogo e amor.

DE AMOR FERIDO

Um Pastorinho, só, está penando,
Privado de prazer e de contento,
Posto na pastorinha o pensamento,
Seu peito de amor ferido, pranteando.

Não chora por tê-lo o amor chagado,
Que não lhe dói o ver-se assim dorido,
Embora o coração esteja ferido,
Mas chora por pensar que é olvidado.

Que só o pensar que está esquecido
Por sua bela pastora é dor tamanha,
Que se deixa maltratar em terra estranha,
Seu peito por amor mui dolorido.

E disse o Pastorinho: Ai, desditado!
De quem do meu amor se faz ausente
E não quer gozar de mim presente!
Seu peito por amor tão magoado!

Passado tempo em árvore subido
Ali seus belos braços alargou
E preso a eles o Pastor ali ficou
Seu peito por amor mui dolorido.

ENAMORADA

Se agora, em meio à praça,
Já não for mais eu vista, nem achada,
Direis que me hei perdido,
E andando enamorada,
Perdidiça me fiz e fui ganhada.

De flores e esmeraldas,
Pelas frescas manhãs bem escolhidas,
Faremos as grinaldas
Em teu amor floridas,
E num cabelo meu entretecidas.

Só naquele cabelo
Que em meu colo a voar consideraste,
– Ao vê-lo no meu colo, –
Nele preso ficaste,
E num só de meus olhos te chagaste.

Quando tu me fitavas,
Teus olhos sua graça me infundiam;
E assim me sobreamavas,
E nisso mereciam
Meus olhos adorar o que em ti viam.

TRÊS PRIMORES

O amor tem três primores
o primeiro é amar a Deus não por si mesmo,
mas por ele só.
Aí se encerra uma perfeição admirável,
porque ama pelo Espírito Santo,
como o Pai e o Filho se amam.
O amor com que me amaste
esteja neles e eu neles.
O segundo primor é amar a Deus em Deus.
Nesta veemente união,
 a alma se absorve no amor de Deus,
e ele, com grande veemência se entrega à alma.
O terceiro e principal primor de amor
é amar a alma a Deus,
nesta transformação,
por ser ele quem é;
não o ama pela generosidade, bondade,
e glória com que Deus se comunica a ela,
mas o ama de modo muito mais forte,
porque Deus em si mesmo
contém essencialmente todos esses atributos.

REPOUSO

Oh! quão ditosa é a alma que sente
de contínuo estar Deus
descansando e repousando em seu seio!
Oh! quanto lhe convém apartar-se de todas as coisas,
fugir de negócios,
e viver com imensa tranqüilidade,
para que nem mesmo com o menor ruído
ou o mínimo átomo
venha a inquietar e revolver o seio do Amado!
Está ele aí ordinariamente
como adormecido neste abraço com a esposa,
na substância de sua alma,
e ela muito bem o sente
e de ordinário o goza;
porque se estivesse ele sempre acordado,
comunicando-lhe conhecimento e amores,
para a alma seria estar já na glória.
Com efeito,
se por alguma vez somente
que o Esposo desperta um pouquinho abrindo os olhos,
põe a alma em tal estado,
como temos descrito,
que seria se de contínuo permanecesse
no seu íntimo, para ela bem desperto?

ALMA RAINHA

O Rei do céu procede amorosamente com a alma;
trata-a como de igual para igual,
como se fora seu irmão;
e assim desde logo não sente ela mais temor;
porque manifestando Deus à alma
com muita mansidão, e não com furor,
a fortaleza de seu poder e o amor de sua bondade,
comunica-lhe fortaleza e amor de seu coração.
Levantando-se de seu trono
que é o íntimo da alma
onde se achava escondido,
vem, qual esposo que sai de seu tálamo;
inclina-se para ela,
e, tocando-a com o cetro de sua majestade,
abraça-a como irmão.
Ali, as vestes reais com seu perfume –
que são as virtudes admiráveis de Deus,
o resplendor do ouro que é a caridade,
o brilho das pedras preciosas,
isto é, o conhecimento das substâncias superiores e
inferiores,
a face do Verbo cheia de graças,
investem e revestem a alma rainha.
Deste modo,
transformada nestas virtudes do Rei do céu,
vê-se feita rainha.
A rainha esteve à tua direita,
com veste de ouro, cercada de variedade.

SEMELHANTE AO AMADO

A alma vê que na sua transformação em Deus,
a que chegou nesta vida,
embora seja o amor imenso,
não pode este igualar na perfeição
ao amor com que Deus a ama,
deseja a clara transformação da glória,
em que chegará à igualdade do amor.
No alto estado em que se acha,
a alma possui a verdadeira união da vontade
com o Esposo;
todavia, não pode ter os quilates e a força do amor
que terá naquela forte união de glória.
Então, conhecerá a Deus como é dele conhecida
e também o amará como é dele amada.
Seu entendimento será entendimento de Deus;
sua vontade, vontade de Deus,
seu amor será amor de Deus.

CATIVO DE AMOR

Se antes de estar a alma em graça,
já a amava Deus por si mesmo,
agora que ela se acha revestida de graça,
Deus a ama não só por si
mas também por causa dela.
Enamorado pela formosura da alma
nas obras e frutos por ela produzidos,
comunica-lhe sempre mais amor e mais graças;
vai progressivamente elevando-a e enaltecendo-a
e assim, na mesma proporção,
vai ficando mais cativo e enamorado dela.
"Depois que tu te tornaste precioso
e glorioso a meus olhos,
eu te amei."
É como se dissesse:
depois que com meus olhos te fitei,
concedendo-te graça,
e com isso te tornaste glorioso
e digno de honra em minha presença,
mereceste que eu te fizesse
maiores mercês de minha graça;
porque para Deus, mais amar é mais favorecer.

ENGRANDECIMENTO

Quem poderá dizer
até onde engrandece Deus uma alma
quando se digna agradar-se dela?
Não há quem o possa sequer imaginar;
porque, enfim, é como Deus que o faz,
para mostrar quem é.
Só se pode explicar um pouco,
manifestando a condição própria de Deus,
que é conceder mais a quem tem mais,
e multiplicar seus dons
na proporção em que a alma já os possui.
"Ao que tem lhe será dado ainda mais
até chegar à abundância;
mas ao que não tem, até o que tem lhe será tirado."

CONTEMPLAÇÃO

Ó Esposo meu,
as potências de minha alma,
que são os olhos com que te posso ver,
mereceram elevar-se para olhar-te;
antes disso, com a miséria de suas baixas operações
e capacidade natural, estavam decaídas e mesquinhas.
Poder contemplar a Deus
é para a alma poder agir em sua divina graça;
assim, as potências mereciam adorar em Deus,
porque adoravam na graça do mesmo Deus,
a qual torna meritória toda ação.
Adoravam, pois, esses olhos na alma,
iluminados e elevados pela graça e favor de Deus,
o que nele viam agora,
e que antes não podiam ver
por causa da própria cegueira e baixeza.
Que viam agora em Deus?
Grandeza de virtudes, abundância de suavidade,
imensa bondade, amor e misericórdia,
inumeráveis benefícios, recebidos dele,
quer estando agora tão unida a Deus,
quer quando estava longe.
Tudo isso já os olhos da alma
eram dignos de adorar com merecimento,
achando-se agora graciosos e agradáveis ao Esposo.

PERFEITO AMOR

Todas as nossas obras,
bem como todos os nossos trabalhos,
por maiores que sejam,
nada são diante de Deus,
porque com eles nada podemos oferecer a Deus
nem chegamos a cumprir o seu único desejo:
o de exaltar a alma.
Nada deseja ele para si
de tudo quanto fazemos ou sofremos,
pois de nada precisa;
e se de alguma coisa é servido
é de que a alma seja engrandecida.
Ora, não há maior grandeza para a alma
do que ser igualada a Deus.
Por isto, ele se serve somente do amor da alma,
pois é próprio do amor
igualar o que ama com o objeto amado.
Como a alma já possui, enfim, perfeito amor,
é chamada Esposa do Filho de Deus;
esse nome significa essa igualdade que tem agora com ele,
igualdade de amizade
que torna tudo comum entre os dois.

ALMA ENAMORADA

A alma que está enamorada de Deus
não pretende vantagem ou prêmio algum
a não ser perder tudo e a si mesma,
voluntariamente, por Deus,
e nisto encontra todo o seu lucro.
O morrer é lucro.
Quando uma alma no caminho espiritual
chegou a ponto de perder-se
de todas as vias e modos naturais
de proceder em suas relações com Deus,
e não mais o busca por meio de considerações,
ou formas, ou sentimentos,
ou quaisquer outros intermediários de
criaturas ou sentidos,
mas ultrapassou tudo isto,
bem como toda a sua maneira pessoal,
tratando com Deus
e dele gozando puramente em fé e amor,
então podemos dizer que, na verdade,
esta alma ganhou a seu Deus;
porque está verdadeiramente perdida a tudo
quanto não é ele,
e a tudo quanto ela é em si mesma.

BUSCA DE PLENITUDE

Para chegares a saborear tudo,
Não queiras ter gosto em coisa alguma.
Para chegares a possuir tudo,
Não queiras possuir coisa alguma.
Para chegares a ser tudo,
Não queiras ser coisa alguma.
Para chegares a saber tudo,
Não queiras saber coisa alguma.
Para chegares ao que não sabes,
Hás de ir por onde não sabes.
Para vires ao que não possuis,
Hás de ir por onde não possuis.
Para chegares ao que não és,
Hás de ir por onde não és.
Quando reparas em alguma coisa,
Deixas de arrojar-te ao tudo.
Porque para vir de todo ao tudo,
Hás de negar-te de todo em tudo.
E quando vieres a tudo ter,
Hás de tê-lo sem nada querer.
Porque se queres ter alguma coisa em tudo
Não tens puramente em Deus teu tesouro.

INTIMIDADE

Ó Verbo Esposo meu!
Quando despertas no centro e fundo de minha alma,
na sua mais pura e íntima substância
onde moras sozinho, escondido e silencioso,
como único Senhor,
e não só como em tua casa,
ou em teu mesmo leito,
mas como em seu próprio seio,
na mais estreita e íntima união,
– oh! quão manso e amoroso te manifestas!
Sim, com grande mansidão e amor!
E na deliciosa aspiração
que me comunicas nesse teu despertar,
tão saborosa para mim,
pela plenitude de bem e glória que encerra,
com que imensa delicadeza me enamoras
e me afeiçoas de ti!

PROMESSA

"Nascerá nas trevas a tua luz,
e as tuas trevas tornar-se-ão como o meio-dia.
E o Senhor te dará sempre descanso
e encherá a tua alma de resplendores,
livrará teus ossos,
e serás como um jardim bem regado,
e como uma fonte
cujas águas nunca faltarão.
E serão por ti edificados os desertos de muitos séculos;
tu levantarás os fundamentos das gerações antigas,
e serás chamado reparador dos muros,
e o que torna seguros os caminhos."*
A alma já não sabe senão viver
gozando dos deleites do alimento divino.
Só uma coisa lhe resta ainda e deseja:
é gozá-lo perfeitamente na vida eterna.

* *Isaías 58, 10-14*

SABOR E GOSTO

Como a vontade
nunca saboreou a Deus tal como ele é,
nem o conhece sob qualquer apreensão de apetite,
e não sabe como Deus é,
não pode saber qual é o seu sabor,
nem pode o seu ser, apetite e gosto
chegar a saborear a Deus,
pois está acima de toda a sua capacidade,
logo, claro está que nenhuma coisa distinta,
de quantas a vontade pode gozar,
é Deus.
Por isso, para unir-se a ele
se há de esvaziar e desapegar
de qualquer afeto desordenado
de apetite e gosto de tudo
o que distintamente pode gozar,
tanto celeste como terreno, temporal ou espiritual,
a fim de que, purificada e limpa de quaisquer gostos,
gozos e apetites desordenados,
toda ela se empregue em amar a Deus
e para ele dirija todos os seus afetos.

CANTO DE JUBILAÇÃO

À voz do Esposo
que lhe fala no íntimo,
a Esposa experimenta haver chegado
o fim de todos os males,
e o princípio de todos os bens;
nesse refrigério e amparo,
com profundo sentimento de gozo,
também, ela como doce rouxinol,
eleva sua própria voz,
num novo canto de júbilo a Deus
cantando juntamente com aquele
que a move a isso.
É para esse fim
que o Esposo lhe comunica sua voz:
para que a Esposa
una a própria voz à dele,
no louvor de Deus.
O desejo do Esposo
é que a alma entoe a sua voz espiritual
num canto de jubilação a Deus.
Levanta-te, amiga minha, formosa minha,
e vem, pomba minha, nas aberturas de pedra,
na concavidade do rochedo;
mostra-me a tua face,
ressoe a tua voz aos meus ouvidos.

DELEITE

Muito insensato seria aquele que,
por lhe faltar a suavidade
e deleite espiritual,
pensasse que por isto lhe falta Deus,
e, quando a tivesse,
se regozijasse e deleitasse
pensando que por isso possuía a Deus.
E mais insensato ainda seria
se andasse a buscar esta suavidade em Deus
e se dispusesse a deleitar-se
e a deter-se nela,
porque desta maneira já não andaria
buscando a Deus
com a vontade fundada em desnudez
de fé e caridade,
mas estaria indo ao encalço do gosto
e suavidade espiritual,
que é criatura,
deixando-se, assim, arrastar pelo seu gosto e apetite.
E deste modo,
já não estaria amando a Deus puramente,
sobre todas as coisas
– que consiste em concentrar nele
toda a força de vontade –
porque, apegando-se e apoiando-se
àquela criatura com o apetite,
não se eleva a vontade por ela até Deus,
que é inacessível,
já que é coisa impossível que a vontade
consiga chegar à suavidade e deleite da divina união,
nem chegue a prelibar os doces
e deleitosos abraços de Deus.

DESAPEGO

Deus nos livre de nós mesmos.
Ele nos dê o que lhe agradar
e nunca no-lo mostre até que ele queira.
Porque, aquele que entesoura por amor,
para outrem o faz,
e é bom que Deus o guarde e o goze,
pöis tudo é para ele;
e nós não devemos querer vê-lo
com os olhos nem gozar dele,
para não defraudar a Deus
do gosto que experimenta
na humildade e desnudez
do nosso coração e desprezo
das coisas do século por ele.

MÉRITO

Oh! grande Deus de amor e Senhor!
Quantos tesouros depositais
naquele que só a vós ama
e não acha seu prazer senão em vós!
Pois entregai-vos a vós mesmo
e vos tornais uma só coisa com ele por amor!
E nisto lhe dais a amar
e saborear aquilo que a alma mais deseja em vós
e o que mais lhe aproveita!
Entretanto,
porque convém que não nos falte cruz,
como ao nosso Amado,
até a morte de amor,
ele ordena as nossas paixões no amor
do que mais desejamos,
a fim de que façamos maiores sacrifícios
e tenhamos mais mérito.

BOCA DO DESEJO

Quando o coração anda em coisas rasteiras,
a coroa rola pelo chão
e cada uma delas a empurra com o pé;
mas quando o homem se achega ao coração elevado,
então Deus é exaltado,
com a coroa daquele coração elevado de sua esposa,
com que é coroado no dia do júbilo do seu coração,
em que encontra as suas delícias
em estar com os filhos dos homens.
Estas águas de deleites interiores
não nascem na terra;
é para o lado do céu
que se há de abrir a boca do desejo,
vazia de tudo o mais,
para que assim a boca do apetite,
não contraída nem apertada
com nenhum bocado de outro gosto,
se conserve bem vazia e aberta
para aquele que disse:
Abre e dilata a tua boca
e eu a encherei.

RECOLHIMENTO

Minha alma já está despojada,
desprendida, sozinha
e apartada de todas as coisas criadas,
sejam superiores ou inferiores,
e tão profundamente adentrada
no recolhimento interior contigo,
que nenhuma delas
chega a perceber o íntimo deleite
que em ti possuo;
nenhuma pode mover-me
a gozar com sua suavidade,
ou a sentir desprazer e aborrecimento
com sua miséria e baixeza;
porque minha alma se acha tão longe delas,
e é tão profundo o deleite que tenho contigo,
que criatura alguma
o pode alcançar com sua vista.

SUBLIMES MISTÉRIOS

Uma das causas que mais movem a alma
ao desejo de entrar na espessura da sabedoria de Deus
e de conhecer profundamente a formosura desta divina sabedoria
é chegar a unir seu entendimento com Deus,
por meio do conhecimento dos mistérios da encarnação,
cuja sabedoria é a mais elevada e deliciosa
que há em todas as suas obras.
...a Esposa conhecerá os sublimes mistérios
do Verbo feito homem,
os quais são cheios de altíssima sabedoria,
e escondidos em Deus.
O Esposo e a alma entrarão, juntos,
nesse conhecimento, engolfando-se e transfundindo-se neles a Esposa;
ambos hão de gozar, ela e o Esposo,
do sabor e deleite que desses mistérios se deriva,
e também das virtudes e atributos divinos,
neles manifestados,
a justiça, a misericórdia, a sabedoria, o poder, a caridade.

MATRIMÔNIO ESPIRITUAL

Juntos entraremos:
– a Amada e o Amado,
o esposo e a alma juntos,
Deus e a alma unidos
em matrimônio espiritual;
não faz a alma obra alguma sozinha sem Deus.
Nós nos transformaremos,
eu em ti pelo amor desses teus divinos
e deleitosos juízos.
Mediante esse conhecimento da predestinação dos justos
e presciência dos maus,
em que o Pai previne os eleitos
com as bênçãos de sua doçura,
em seu Filho Jesus Cristo,
a alma é transformada
de modo elevadíssimo e profundíssimo;
no amor de Deus, e nessas luzes,
que lhe são infundidas,
agradece e ama ao Pai
com novo fervor,
cheia de gozo e deleite,
por seu mesmo Filho Jesus Cristo;
e o faz unida com Cristo,
juntamente com Cristo.
O sabor desses louvores é de tal delicadeza,
que de todo não se pode exprimir.

SOBREAMAR

Quando tu me fitavas
Teus olhos sua graça me infundiam
E assim me sobreamavas.

O olhar de Deus é o seu amor,
a sua divindade misericordiosa que,
inclinando-se para a alma,
imprime e infunde nela
misericordiosamente o amor e a graça de Deus.
Tanto a embeleza e sublima esse olhar,
que a faz participante da própria divindade.
Sobreamar é amar muito,
mais do que amar simplesmente;
é como amar duplamente,
por dois títulos ou causas.
A causa desse amor tão íntimo do Esposo
é que ele quis agraciá-la com o seu olhar,
a fim de comprazer-se nela.

COMUNICAÇÃO DE AMOR

Assim como na brisa
se sentem duas coisas,
o toque e o som ou murmúrio,
assim também, na comunicação do Esposo,
a alma percebe outras duas coisas
que são o sentimento de deleite
e a compreensão dele.
O perpassar da brisa
é experimentado pelo sentido do tato,
enquanto o sussurro do vento
é escutado pelo ouvido:
de modo análogo, o toque das virtudes do Amado
é percebido e saboreado pelo tato da alma;
e a compreensão das mesmas virtudes de Deus
é produzida no ouvido da alma, ou seja,
    no entendimento.

PEGADAS

As pisadas são rastros
deixados pelos pés de alguém que passa,
e por estes rastros vai-se descobrindo e buscando
quem por ali andou.
O conhecimento, cheio de suavidade,
proporcionado por Deus de si mesmo
à alma que o busca,
é o rastro e pisada
por onde ela vai conhecendo e procurando a Deus (...).
Após tuas pisadas, atrás do rastro de tua divina
suavidade,
que imprimes nos seus corações,
e do teu perfume que neles derramas,
vão discorrendo as jovens no caminho.

PEREGRINOS CONHECIMENTOS DE DEUS

Aquela paz e tranqüilidade
costumam causar-lhe satisfação;
mas podemos afirmar que as virtudes, nesta vida,
estão na alma como flores em botão,
ainda fechadas, no jardim.
É uma maravilha ver como, algumas vezes,
sob a moção do Espírito Santo,
se abrem todas essas flores,
exalando de si mesmas
os mais variados e admiráveis perfumes.
A alma contempla, então, no seu íntimo,
as flores "das montanhas" que significam
a abundância, grandeza e formosura de Deus;
entrelaçados a elas,
estão os lírios dos "vales nemorosos", isto é,
descanso, refrigério e amparo;
logo se vêm juntar às rosas perfumadas
simbolizando os peregrinos conhecimentos de Deus;
aparecem também as açucenas,
a trescalarem seus perfumes, isto é,
a revelação da magnificência de Deus
que enche toda a alma.

VIRTUDES

Todas as virtudes, riquezas e bens
estão fundados na caridade do Rei celestial,
e só nesta caridade se sustentam e florescem,
proporcionam gozo.
Sem este amor,
jamais poderia ela gozar
deste leito e destas flores:
de fato, todas as virtudes estão na alma
como estendidas no amor de Deus,
único receptáculo conveniente para bem conservá-las
e se acham como banhadas em amor.
Todas e cada uma delas, efetivamente,
estão sempre enamorando a alma de Deus,
e em todas as obras e ocasiões
levam-na amorosamente a maior amor de Deus.

....

Cada uma das virtudes
é em si mesma pacífica, mansa e forte;
logo, produz na alma que a possui
estes três efeitos de paz, mansidão e fortaleza.

PERFEIÇÃO EVANGÉLICA

Cada alma por seu lado, e
conforme a sua própria vocação,
segundo o espírito e o estado que Deus lhe dá,
com muita diversidade de exercício
e obras espirituais
segue por esse caminho
que consiste na perfeição evangélica
na qual encontra o Amado
em união de amor
depois de ter chegado à desnudez espiritual
acerca de todas as coisas.
A suavidade e rastro
que Deus imprime de si na alma
torna-a muito ligeira
para correr após o Amado.

PERCO-ME PARA TE ENCONTRAR

O amor, algumas vezes,
não é compreendido nem percebido
pela pessoa a quem é dado;
não tem seu fundamento no sentido com ternura,
e sim na alma com fortaleza,
tornando-a mais corajosa e ousada do que antes:
pode, todavia, redundar às vezes no sentido,
com ternura e suavidade.
Para alcançar este amor,
alegria e gozo causados pelas visões,
convém à alma ter força, mortificação e amor
para querer permanecer
no vazio e na obscuridade de tudo.
Cumpre estabelecer o amor e o gozo
justamente no que não vê nem sente,
porque não é possível nesta vida
ver ou sentir a Deus, incompreensível e inefável;
por isto, o caminho para ele é o da renúncia total.

LIBERDADE

Porque enquanto houver apego a alguma coisa,
por mínima que seja,
é escusado poder progredir a alma na perfeição:
pouco importa estar o pássaro
amarrado por um fio grosso ou fino;
desde que não se liberte,
tão preso estará por um como por outro.
Verdade é que quanto mais tênue for o fio,
mais fácil será de se partir.
Mas, por frágil que seja,
o pássaro estará sempre retido por ele
enquanto não o quebrar para alçar vôo.

OLHAR PRIMEIRO

Anima-se a Esposa, e se preza agora em si mesma,
nas prendas que do Amado recebe,
e no valor que nele tem;
pois, embora saiba que em si mesma nada vale,
nem merece estima alguma,
contudo, merece ser estimada nesses dons,
por serem eles do Amado.
Atreve-se, então, a chegar-se a ele,
dizendo-lhe que não a queira ter em pouca conta,
nem a despreze;
porque, se antes o merecia pela fealdade de suas culpas,
e pela baixa condição de sua natureza,
agora, depois que ele a olhar pela primeira vez,
ornando-a com a sua graça,
e vestindo-a de sua formosura,
pode perfeitamente tornar a fitá-la
não só uma segunda vez, mas outras muitas;
assim aumentará mais a graça e formosura já infundidas.
E a razão e a causa suficiente
para tornar a olhá-la
é aquele primeiro olhar com que a fitara
quando ela ainda não o merecia,
nem tinha direitos para isso.

OBRA MAIS BELA

Profunda é a guerra e o combate,
porque há de ser também muito profunda
a paz que a alma espera.
E se a dor espiritual
é íntima e penetrante,
o amor que há de possuir a mesma alma
será igualmente íntimo e apurado.
Com efeito, quanto mais íntima, esmerada e pura
há de ser e ficar a obra,
tanto mais íntimo, esmerado e puro
há de ser também o lavor;
e o edifício será tanto mais firme
quanto mais forte o fundamento.

INIGUALÁVEL

Comunica-se Deus à alma
com tantas veras de amor,
que não há afeto de mãe
acariciando seu filhinho
com toda a ternura,
nem amor de irmão,
nem amizade de amigo,
que se lhe possa comparar.
A tanto chega, com efeito,
a ternura e verdade do amor
com que o imenso Pai
regala e engrandece
a humilde e amorosa alma.

GOZO

Que mais queres, ó alma,
e que mais buscas fora de ti,
se tens dentro de ti
tuas riquezas, teus deleites, tua satisfação,
tua fartura e teu reino,
que é teu Amado a quem procuras e desejas?
Goza-te e alegra-te
em teu interior recolhimento com ele,
pois o tens tão próximo.
Aí o deseja, aí o adora,
e não vás buscá-lo fora de ti.

FORTALEZA

Mais vale estar carregado junto do forte
que aliviado junto do fraco:
quando estás carregado,
estás junto de Deus,
que é a tua fortaleza
e está com os atribulados;
quando estás aliviado,
estás contigo mesmo,
que és a tua própria fraqueza,
porque a virtude e a força da alma
crescem e confirmam-se
nos trabalhos de paciência.

ALÍVIO E REFRIGÉRIO

Volve-te, columba, porque
a comunicação recebida de mim agora
não é ainda gloriosa como pretendes.
Volve-te a mim,
pois sou eu, o Esposo, a quem buscas,
chagada de amor.
Também eu, qual cervo ferido de teu amor,
começo a mostrar-me a ti
em tua alta contemplação,
tomando alívio e refrigério
no amor dessa tua contemplação.

FOGO AMOROSO

Fogo amoroso,
tem a peculiaridade de inflamar-se
mais ainda com o próprio sopro
que refresca e ameniza;
porque no amante
é o amor uma chama que arde
com o desejo de crescer sempre mais
com o ardor do seu vôo,
mais se abrasa,
porque um amor
inflama outro amor.

ESPERANÇA

Quem se poderá libertar
dos modos e termos baixos
se não o levantas tu a ti
em pureza de amor,
Deus meu?
Como se elevará em ti o homem,
gerado e criado em torpezas,
se não o levantas tu, Senhor,
com a mão com que o fizeste?
Não me tirarás, Deus meu,
o que uma vez me deste
em teu único Filho, Jesus Cristo,
em quem me deste tudo quanto quero;
por isso confio que não tardarás,
se espero.

LÂMPADAS DIVINAS

Inclinam-se para Deus em Deus,
quais lâmpadas acesas e inflamadas
nos resplendores das lâmpadas divinas;
dando ao Amado aquela mesma luz e calor de amor
que recebem (...).
Na proporção em que recebem,
dão a quem lhes dá,
e com os mesmos primores
com que o próprio Deus lhes envia seus dons.
Tornam-se como o vidro
que fica todo resplandecente
quando nele reverbera o sol;
isto se realiza na alma
de modo bem mais sublime,
pela intervenção do exercício da vontade.

CAMINHO DA VIDA ETERNA

A única coisa
na qual pode o homem comprazer-se
é a de estar
no caminho da vida eterna
fazendo todas as suas obras em caridade.
Tudo, pois,
que não é amor de Deus,
que proveito traz
e que valor tem diante dele?
E o amor não é perfeito
quando não é bastante forte e discreto
em purificar a alma
no gozo de todas as coisas
concentrando-o unicamente
no cumprimento da vontade de Deus.

MÃE AMOROSA

A alma convertida
e determinada a seguir a Deus
de ordinário é criada e regalada pelo Senhor,
como a criança pequenina cuidada por mãe amorosa.
Ao calor de seu seio a acalenta;
com leite saboroso e manjar delicado
vai nutrindo-a,
e em seus braços a carrega e acaricia.
Mas,
à medida que a criança vai crescendo,
vai-lhe a mãe retirando os mimos;
e, escondendo o terno amor que lhe tem,
põe sabor amargo no doce peito;
desce o filhinho dos braços
e o faz andar por seus próprios pés,
para que, perdendo os modos de criança,
se habitue a coisas maiores
e mais substanciais.
Qual amorosa mãe,
procede a graça de Deus,
quando, por novo calor e fervor no serviço do
Altíssimo,
torna, por assim dizer, a gerar a alma.
Primeiro lhe concede doce e saboroso leite espiritual,
sem nenhum trabalho da alma,
em todas as coisas divinas,
e com grande gosto para ela
nos exercícios espirituais,
dando-lhe Deus então
seu peito de amor terno,
como à criancinha terna.

ZELO DE AMOR

"Todas as coisas grandes, graves e pesadas,
tornam-se nada, quando existe amor."
Põe-me como um selo sobre o teu coração
– diz a Esposa –,
como um selo sobre o teu braço;
porque o amor é forte como a morte,
e o zelo do amor é tenaz como o inferno.
De modo algum
busca a alma consolação ou gosto
seja em Deus ou em qualquer outra coisa;
não anda também a desejar ou pretender
pedir benefícios a Deus,
pois vê claramente
já haver sido grandemente cumulada.
Deseja unicamente
agradar a Deus, e servi-lo pelo que ele merece
e em agradecimento às misericórdias recebidas.
Ah! Deus e Senhor meu!
quantas almas estão sempre a buscar em ti
seu consolo e gosto,
e a pedir que lhes concedas mercês e dons!
Aquelas, porém, que pretendem agradar-te
e oferecer-te algo à própria custa,
deixando de lado seu interesse,
são pouquíssimas.

DOENÇA DE AMOR

Olha que esta doença
De amor jamais se cura,
A não ser com a presença e com a figura.

O amor
jamais chegará à perfeição
até que se juntem os amantes em unidade,
transfigurando-se um no outro;
só então estará o amor
perfeito totalmente.

Quem sente em si doença de amor,
isto é, falta de amor,
é sinal de que tem algum amor,
e, pelo que tem,
vê o que ainda lhe falta.
Quem não sente faltar-lhe amor,
é sinal que nenhum amor possui,
ou então está perfeito nele.

PRIMAVERA

E o aspirar da brisa
Do doce rouxinol a voz amena,
O souto e seu encanto,
Pela noite serena,
Com chama que consuma sem dar pena.

Ouve-se a voz do rouxinol
na primavera,
já tendo o inverno passado
e seus rigores, frios e chuvas.
A melodia que ressoa ao ouvido
deleita o espírito.
Acontece o mesmo
na comunicação e transformação de amor
que a Esposa já goza nesta vida.
Agora amparada e livre
das perturbações e contingências do tempo,
desprendida e purificada de toda imperfeição,
penas e obscuridades,
sente-se numa nova primavera,
com liberdade, dilatação e alegria de espírito;
ouve, então, a doce voz do Esposo,
seu doce rouxinol.
Voz que lhe renova e refrigera o íntimo
preparando-a agora para a jornada que a levará
à vida eterna.

CORAGEM

Quem não quer outra coisa senão a Deus,
não anda nas trevas,
por mais escuro e pobre
que se veja;
e quem não anda em presunções,
nem em gostos próprios,
de Deus ou das criaturas,
nem faz a própria vontade,
seja no que for,
não tem em que tropeçar,
nem de que tratar.
Tenha ânimo e alegre-se.

ESPONSAIS

Quando foi chegado o tempo
em que de nascer havia,
assim como o desposado,
do seu tálamo saía,
abraçado à sua esposa,
que em seus braços a trazia;
ao qual a bendita Mãe
em um presépio poria
entre pobres animais
que então por ali havia.
Os homens davam cantares,
os anjos a melodia,
festejando o desposório
que entre aqueles dois havia.
Deus, porém, no presépio
ali chorava e gemia;
eram jóias que a esposa
ao desposório trazia;
e a Mãe se assombrava
da troca que ali se via:
o pranto do homem em Deus,
e no homem a alegria;
coisas que num e no outro
tão diferente ser soía.

SABEDORIA PROFUNDA

Onde brota a água pura: quer dizer,
onde é concedido o conhecimento e sabedoria de Deus,
a qual é aqui comparada à água pura,
pois o entendimento a recebe pura e despojada
de tudo o que é acidental ou imaginário,
e também clara, sem as trevas da ignorância.
Este desejo de entender claramente e em perfeita pureza
as verdades divinas,
sempre o tem a alma;
e quanto mais ama,
tanto mais anseia penetrar dentro delas.
Nas maravilhosas obras e nos profundos juízos de Deus,
há tanta abundância de sabedoria
e tanta plenitude de mistérios,
que a alma, por mais que os conheça,
sempre pode entrar mais adentro,
porquanto são imensas e incompreensíveis
as suas riquezas.
"Ó profundidade das riquezas da Sabedoria e Ciência de Deus!
Quão incompreensíveis são os seus juízos,
e imperscrutáveis os seus caminhos!"

BUSCANDO MEUS AMORES

Onde é que te escondeste, Amado,
E me deixaste com gemido?
Como o cervo fugiste,
Havendo-me ferido;
Saí, por ti clamando, e eras já ido.

Pastores que subis
Além, pelas malhadas, ao Outeiro,
Se, porventura, virdes
Aquele a quem mais quero,
Dizei-lhe que adoeço, peno e morro.

Buscando meus amores,
Irei por estes montes e ribeiras;
Não colherei as flores,
Nem temerei as feras,
E passarei os fortes e fronteiras.

OBEDIÊNCIA

A noite escura
torna também as almas
submissas e obedientes no caminho espiritual
pois, vendo-se tão miseráveis,
não somente ouvem o que lhes é ensinado,
mas ainda desejam que qualquer pessoa
as encaminhe
e diga como devem proceder.
Perdem a presunção afetiva
que às vezes tinham na prosperidade.
Finalmente,
lhes vão sendo tiradas
todas as outras imperfeições
já referidas.

HUMILDADE

A alma,
nas securas e vazios desta noite,
lucra humildade espiritual.
Por meio da humildade
proporcionada pelo conhecimento próprio,
purifica-se de todas as imperfeições
acerca da soberba em que costumava cair
no tempo de sua prosperidade.
Vendo-se agora tão árida e miserável,
nem mesmo por primeiro movimento lhe ocorre a idéia
— como outrora acontecia —
de estar mais adiantada do que os outros,
ou de lhes levar vantagem,
conhece que os outros vão melhor.
Daqui nasce o amor do próximo,
pois a todos estima,
e não os julga como antes,
quando se achava com muito fervor
e não via os outros assim.
Agora conhece somente a sua miséria
e a tem diante dos olhos,
tão presente que esta não a deixa,
nem lhe permite olhar pessoa alguma.

DESEJO

O desejo que a alma tem de Deus
nem sempre é sobrenatural;
só o é quando infundido pelo próprio Deus,
que produz então a força de tal apetite
e este é muito diferente do desejo natural;
e enquanto Deus não o infunde,
muito pouca coisa ou nada merece a alma.
Quando, de tua parte,
queres ter apetite de Deus,
é apenas um desejo natural;
não chegará a ser mais
até que Deus queira inspirá-lo
sobrenaturalmente.
Quando, pois, por teu próprio movimento,
queres apegar o apetite às coisas espirituais,
e procuras prender-te ao sabor que elas têm,
exercitas só o teu natural apetite;
então, estás pondo cataratas nos olhos
e és homem animal
e não poderás entender e nem julgar
o que é espiritual.

DIÁLOGO

Amada às criaturas:
Ó bosques e espessuras,
 Plantadas pela mão do meu Amado!
Ó prado de verduras,
De flores esmaltado,
Dizei-me se por vós ele há passado!

Criaturas à Amada:
Mil graças derramando,
Passou por estes soutos com presteza,
E, enquanto os ia olhando,
Só com sua figura
A todos revestiu de formosura.

CRISTALINA FONTE

Quem poderá curar-me?!
Acaba de entregar-te já deveras;
Não queiras enviar-me
Mais mensageiro algum,
Pois não sabem dizer-me o que desejo.

E todos quantos vagam,
De ti me vão mil graças relatando,
E todos mais me chagam;
E deixa-me morrendo
Um "não sei quê", que ficam balbuciando.

Mas, como perseveras,
Ó vida, não vivendo onde já vives?
Se fazem com que morras
As flechas que recebes
Daquilo que do Amado em ti concebes?

Por que, pois, hás chagado
Este meu coração, o não saraste?
E, já que mo hás roubado,
Por que assim o deixaste
E não tomas o roubo que roubaste?

Extingue os meus anseios
Porque ninguém os pode desfazer;
E vejam-te meus olhos,
Pois deles és a luz
E para ti somente os quero ter.
Mostra tua presença!
Mate-me a tua vista e formosura;
Olha que esta doença
De amor jamais se cura,
A não ser com a presença e com a figura.

Ó cristalina fonte,
Se nesses teus semblantes prateados
Formasses de repente
Os olhos desejados
Que tenho nas entranhas debuxados!
Aparta-os, meu Amado, que eu alço o vôo.

ESSENCIAL

As almas bem encaminhadas
desde o princípio
não se apegam aos instrumentos visíveis,
nem se prendem a eles;
só lhes importa saber
o que convém para trabalhar,
e nada mais.
Põem os olhos unicamente
em agradar a Deus
e andar bem com ele,
pois é todo o seu desejo.
Assim,
com grande generosidade,
dão quanto possuem,
tendo por gosto privar-se de tudo
por amor de Deus e do próximo,
tanto no espiritual como no temporal,
porque só têm em vista
as verdades da perfeição interior:
dar gosto a Deus em tudo.

DIVINA SABEDORIA

Comigo estão as riquezas e a glória,
a magnífica opulência,
e a justiça.
Porque é melhor o meu fruto
que o ouro e a pedra preciosa,
e as minhas produções
melhores que a prata escolhida.
Eu ando nos caminhos da justiça,
no meio das veredas do juízo,
para enriquecer aos que me amam
e para encher os seus tesouros.

Na divina sabedoria
se encontram a glória
e as verdadeiras riquezas desejadas.
A magnificência e a justiça
lhe são inerentes.

ELEVAÇÕES

Ó Senhor, Deus meu!
Quem te buscará com amor puro e singelo
que deixe de imaginar-te muito a seu gosto e vontade,
pois que és tu o primeiro a mostrar-te
e sais ao encontro daqueles que te desejam?

Ó dulcíssimo amor de Deus,
mal conhecido!
Quem te encontrou a fonte,
repousou.

Senhor, Deus meu,
não és um estranho
para quem não for esquivo contigo:
como dizem
que tu te ausentas?

Tu, Senhor,
voltas com alegria e amor
a levantar o que te ofende,
e eu não torno a reabilitar e a honrar
quem me irrita.

VERDADES

Não te entristeças repentinamente
com os casos adversos do século,
pois não sabes o bem que consigo trazem,
ordenado nos juízos de Deus
para o gozo sempiterno dos eleitos.

Nos gozos e gostos
recorre logo a Deus
com temor e verdade,
e não serás enganado
nem envolvido em vaidade.

Na tribulação
recorre logo a Deus
confiantemente,
e serás animado,
esclarecido e ensinado.

Alegra-te sempre em Deus
que é tua saúde,
considerando um bem sofrer,
de qualquer maneira,
por Aquele que é bom.

IDENTIFICAÇÃO

Põe-me como um selo
sobre o teu coração
porque é próprio do amor
assimilar entre si
os que se amam
no que eles têm de mais substancial;
e se assemelhe a Esposa ao Esposo
pelas ações e movimentos do amor,
até a completa transformação.
A alma deve só buscar
o amor divino;
e fazer caso somente
dos sentimentos de amor.

TESOUROS

Queres alguma palavra de consolação?
Olha meu filho, submisso a mim,
tão humilhado e aflito por meu amor,
e verás quantas palavras te responde.
Queres saber algumas coisas
ou acontecimentos ocultos?
Põe os olhos só em Cristo
e acharás mistérios ocultíssimos
e tesouros de sabedoria
e grandezas divinas
nele encerrados.
Esses tesouros de sabedoria
ser-te-ão muito mais admiráveis,
saborosos e úteis que tudo
quanto desejarias conhecer.
Se for de teu desejo
ter outras visões ou revelações divinas,
contempla meu Filho humano
e acharás mais do que pensas,
porque nele habita
toda a plenitude da divindade.

CAMINHO DA PERFEIÇÃO

Estreito é o caminho que conduz à vida,
o caminho da perfeição;
a senda que leva ao cume
do monte da perfeição,
por ser estreita e escarpada,
requer viajores desprovidos de carga
cujo peso os prenda às coisas inferiores;
nem sofram obstáculo algum
que os perturbe quanto às superiores;
em se tratando de buscar
e alcançar unicamente a Deus,
deve ser ele
o único objeto de sua procura e aspiração.
É preciso libertar-se
e despojar-se totalmente
do que se refere às coisas espirituais.
"Se alguém me quer seguir,
negue-se a si mesmo,
e tome a sua cruz e siga-me."

MINHA SUBSTÂNCIA

Mas como perseveras,
Ó vida, não vivendo onde já vives?

...a alma vive mais onde ama
que no corpo que ela anima;
pois não tira sua vida do corpo,
antes o vivifica,
e ela vive por amor
naquilo que ama.
Além desta vida de amor
que faz viver em Deus
a alma que o ama,
tem ela natural e radicalmente
sua vida em Deus,
como o têm todas as coisas criadas
pois "nele vivemos, nos movemos
e somos";
em Deus temos nossa vida, nosso movimento
e nosso ser.
"Tudo quanto foi feito era vida em Deus."
Percebe muito bem a alma
que a sua vida natural está em Deus,
pelo ser que nele tem;
e que também está nele
a sua vida espiritual,
pelo amor com que o ama.

AMOROSA SABEDORIA

Em uma noite escura...
Nela vai Deus em segredo
ensinando a alma e instruindo-a
na perfeição do amor,
sem que a alma nada faça,
nem entenda como é esta contemplação.
Por ser ela amorosa sabedoria divina,
Deus produz notáveis efeitos na alma,
e a dispõe,
purificando e iluminando,
para a união de amor com ele.
Assim, a mesma amorosa Sabedoria
purificadora dos espíritos bem-aventurados
é que nesta noite
purifica e ilumina a alma.

EM VIVAS ÂNSIAS INFLAMADA

De amor em vivas ânsias inflamada
a alma atravessou a noite escura dos sentidos
para chegar à união com o Amado.
Na verdade,
para vencer todos os apetites
e se privar de todos os gostos
em cujo amor e afeto
a vontade costuma se inflamar
para delas gozar,
era preciso outro maior incêndio
de mais excelente amor,
o de seu Esposo;
para que neste amor concentrando
toda a sua força e alegria,
pudesse achar valor e constância
para facilmente desprezar tudo o mais.
Mas, para vencer a violência dos apetites sensíveis,
não basta apenas ser cativa
do amor do Esposo;
é preciso ainda estar inflamada nesse amor,
ansiosa por possuí-lo totalmente.

DIVINO FOGO

Oh! maravilha digna de se relatar!
Sendo o fogo de Deus tão ardente e consumidor,
pois consumiria mil mundos
com maior facilidade
do que um fogo da terra
faria a um pedaço de linho,
contudo, não consome nem destrói a alma
em que está assim ardendo!
Menos ainda é capaz de causar nela peso algum;
antes, na medida da força do amor,
vai endeusando-a e deleitando-a
enquanto a abrasa e nela arde suavemente.
Nestas comunicações,
tendo Deus por fim engrandecer a alma,
não a cansa nem aflige,
mas dilata-a e deleita-a;
não a obscurece ou reduz a cinza,
como faz o fogo no carvão,
mas a ilumina e enriquece.

EXCESSIVA LUZ

A fé, dizem os téologos,
é um hábito da alma certo e obscuro.
Obscuro porque faz crer
verdades reveladas pelo próprio Deus
e, estando acima de toda luz natural,
excedem a todo humano entendimento.
Esta excessiva luz, que a alma recebe da fé,
converte-se em espessa treva,
porque o maior sobrepuja e vence o menor
assim como a luz irradiante do sol
obscurece o brilho de outras luzes,
fazendo não mais parecerem luzes
aos nossos olhos,
quando ele brilha e vence
nossa potência visual.
Em vez de dar-nos vista,
o seu esplendor nos cega,
devido à desproporção
entre o mesmo sol
e a potência visual.
Assim, a luz da fé,
pelo seu grande excesso,
supera e vence
a luz de nosso entendimento
que por si mesma
só alcança a ciência natural (...).

San Juan de la Cruz

> A fé – nuvem tenebrosa e obscura
> para a alma que também é noite,
> pois, em presença da fé,
> torna-se cega e privada da luz natural
> – com sua obscuridade,
> ilumina e esclarece a treva da alma;
> porque assim convinha ao discípulo
> ser semelhante ao mestre.

TUDO O QUE É MEU É TEU

Os céus são meus e minha a terra;
minhas são as criaturas,
os justos são meus e meus os pecadores;
os anjos são meus
e a Mãe de Deus
e todas as coisas são minhas;
e o próprio Deus é meu e para mim,
porque Cristo é meu
e todo para mim.
Que pedes, pois, e buscas, alma minha?
Tudo isto é teu e tudo para ti.
Não te rebaixes, nem atentes
às migalhas caídas da mesa de teu Pai.
Sai de ti e gloria-te da tua glória.
Esconde-te nela e goza,
e alcançarás o que pede teu coração.

UNIDADE

O amor é a inclinação da alma,
e sua força e potência para ir a Deus;
pois é mediante o amor
que a alma se une com Deus;
e, assim, quanto mais graus de amor tiver,
tanto mais profundamente penetra em Deus
e nele se concentra. (...)
Na mesma proporção dos graus de amor divino
possuídos pela alma,
são os centros que ela pode ter em Deus,
cada um deles mais profundo que outro;
porque o amor,
quanto mais forte, mais unitivo.
Para a alma estar em seu centro que é Deus
basta-lhe ter um só grau de amor,
pois com este único grau une-se com Deus pela graça.

MORRO DE AMOR

"Conjuro-vos, filhas de Jerusalém:
 se encontrardes o meu Amado,
dizei-lhe que estou enferma de amor."*

Mas
esta enfermidade não é para morrer,
é para glorificar a Deus;
porque, nela, a alma por amor de Deus
desfalece para o pecado
e para todas as coisas que não são de Deus,
...para esperar só dele a salvação.
Assim como o enfermo perde
o apetite e gosto de todos os manjares,
e se lhe desvanece a boa cor de outrora,
assim também, neste degrau de amor,
a alma perde o gosto e apetite de todas as coisas,
e troca, como apaixonada,
as cores e acidentes da vida anterior.
Esta enfermidade e desfalecimento de todas as coisas
é o princípio e primeiro degrau da escada,
em que a alma ascende até Deus.

* *Cântico dos Cânticos 5,8.*

TRANSFORMAÇÃO

...em pobreza, desamparo e desarrimo
de todas as minhas apreensões,
em obscuridade do meu entendimento,
angústia de minha vontade,
e em aflição e agonia quanto à minha memória,
permanecendo na obscuridade da pura fé
– noite escura para as potências naturais –
só com a vontade tocada
de dor e aflições,
cheia de ânsias amorosas por Deus,
saí de mim mesma.
Saí do meu baixo modo de entender,
de minha fraca maneira de amar,
e de meu pobre e escasso modo de gozar de Deus,
sem que a sensualidade e o demônio
me tenham podido atrapalhar. (...)
...meu entendimento saiu de si,
mudando-se, de humano e natural,
em divino.
Unindo-se a Deus nesta purificação,
já não compreende pelo seu vigor e luz natural,
mas pela divina Sabedoria à qual se uniu.
Minha vontade saiu também de si,
tornando-se divina;
unida agora com o divino amor,
já não ama humildemente com sua força natural
e sim com a força e a pureza do Espírito Santo,
não mais agindo de modo humano
nas coisas de Deus.

FERIDO DE AMOR

Em solidão vivia,
Em solidão seu ninho há já construído;
E em solidão a guia,
A sós, o seu Querido,
Também na solidão, de amor ferido.

Ferido de amor pela Esposa;
porque além de amar extremamente
a solidão da alma,
está o Esposo muito mais ferido de amor
pela mesma alma,
por ter ela querido permanecer solitária de todas as coisas,
estando ferida de amor por ele.
...o Esposo não quis deixá-la sozinha,
mas ferido também de amor pela alma,
em razão da soledade em que ela se mantém,
por ele vendo como a Esposa
não se contenta em coisa alguma,
vem ele próprio guiá-la a sós,
atraindo-a e tomando-a para si
– o que não fizera
se não a houvesse achado
em solidão espiritual.

OH! LÂMPADAS DE FOGO!

Deus é para a alma
como lâmpada de onipotência,
que a ilumina e lhe dá o conhecimento.
Se o resplandor que irradia esta lâmpada
é a sabedoria de Deus
a alma inflama-se do amor de Deus enquanto é sábio;
Deus para ela é lâmpada de sabedoria.
Quando resplandece a lâmpada de Deus
irradiando sua bondade,
recebe a alma luz e calor de amor de Deus
que é bom e para ela é lâmpada de bondade.
Ser-lhe-á também Deus
lâmpada de justiça, de fortaleza, de misericórdia,
e de todos os atributos que ali se representam à alma,
todos juntos, em Deus.

DESEJO

Oh! Quão doce será para mim a tua presença,
tu que és o sumo Bem!
Chegar-me-ei a ti em silêncio
descobrir-te-ei os pés
a fim de que queiras
juntar-te comigo em matrimônio,
e não descansarei até que goze em teus braços;
e agora rogo-te, Senhor,
não me deixes nunca no meu recolhimento
pois desperdiço a minha alma.

ÍNDICE DAS FONTES DOS POEMAS*

C = Cântico Espiritual
Ch = Chama Viva de Amor
Dt = Ditames
D = Ditos de Luz e Amor
Ep = Epistoldrio

N = Noite Escura
P = Poesias
S = Subida do Monte Carmelo
vv = versos

Sistema usado para indicar as fontes:
2S 24,9 = O primeiro número é o livro; o segundo, o capítulo, e o terceiro é o parágrafo.

Nº DA PÁGINA	FONTE	Nº DA PÁGINA	FONTE
47-48	P 2	71	P 10
49	P 1 vv 20-23	72	P 1 vv26-28
50	Ch Prólogo	73	Ch 1,3
51	Ch 1,23	74	Ch 2,16
52	Ch 1,17	75-76	Ch 2,17
53-54	Pvv 1-11	77	D 40
55-56	C 14-19	78	Ch 3,80
57	P 10	79	P 7
58	C 14,6-7	80	P 1 vv29-32
59	C 15,23	81	Ch 3,82
60	2S, 3	82	Ch 4,15
61-62	C 6,6-7	83	Ch 4,13
63	Ch 1,5-6	84	C 38,3
64	Ch 1,36	85	C 37,7
65	C 1,9	86	C 33,8
66	C 9,6	87	C 32,8
67	C 29,7	88	C 38,1
68	C 34,1	89	C 39,11
69-70	Ch 4,14	90	1S 11,11-12

*Segundo consta em *Obras Completas* de São João da Cruz, Editora Vozes / Carmelo Descalço do Brasil, Petrópolis, 1984.

91	Ch 4,3	121	2N 19,4
92	C 35,2	122	C 11,11
93	Ep 29	123	C 39,8
94	C 39,9	124	Ep 35
95	Ep 29	125	P 9
96	Ep 41	126	C 36,9-10
97	Ep 27	127	P1vv 1-3
98	Ep 20	128	1N 12,9
99	C 40,2	129	1N 12,7-8
100	C 37,2	130	Ch 3,75
101	C 37,6	131	P 1 vv4e5
102	C 32,3-5	132-133	P 1 vv6-13
103	C 14,13	134	1N 3,2
104	C 25,3	135	1S 4,8
105	C 24,6	136	D 2,16,48,45
106	C 24,7-8	137	D 62,65,64,82
107	C 25,4	138	3S 13,5-6
108	2S 24,9	139	2S 22,6
109	1S 11,4	140	2S 7,3-4
110	C 33,3	141	C 8,2
111	2N 9,9	142	2N 5,1
112	C 27,1	143	1S 14,2
113	C 1,8	144	Ch 2,3
114	D 4	145-146	2S 3,1e5
115	C 13,2	147	D 26
116	C 13,12	148	Ch 1,13
117	D 26	149	2N 19,1
118	Ch 3,77	150	2N 4,1-2
119	3S 30,5	151	C 35,7
120	1N 1,2	152	Ch 3,3
		153	D 122

Outras obras da Editora

A ACEITAÇÃO DE SI MESMO E AS IDADES DA VIDA, *Romano Guardini*

A ÁRVORE DO CONHECIMENTO - AS BASES BIOLÓGICAS DA COMPREENSÃO HUMANA, *Humberto R. Maturana* e *Francisco J. Varela*

A CONQUISTA PSICOLÓGICA DO MAL, *Heinrich Zimmer*

A GRINALDA PRECIOSA, *Nagarjuna*

AMAR E BRINCAR - FUNDAMENTOS ESQUECIDOS DO HUMANO, *Humberto R. Maturana* e *Gerda Verden-Zöller*

AMKOULLEL, O MENINO FULA, *Amadou Hampâté Bâ*

ANAIS DE UM SIMPÓSIO IMAGINÁRIO, *Beto Hoisel*

ANATOMIA DA CULTURA, *Aldo Bizzocchi*

ARIANO SUASSUNA - O CABREIRO TRESMALHADO, *Maria Aparecida L. Nogueira*

A ROCA E O CALMO PENSAR, *Mahatma Gandhi*

AS MÁSCARAS DE DEUS - MITOLOGIA PRIMITIVA – VOL. 1 e MITOLOGIA ORIENTAL - VOL. 2, *Joseph Campbell*

AS PAIXÕES DO EGO - COMPLEXIDADE, POLÍTICA E SOLIDARIEDADE, *Humberto Mariotti*

AUTOBIOGRAFIA - MINHA VIDA E MINHAS EXPERIÊNCIAS COM A VERDADE, *Mohandas K. Gandhi*

BOAS MISTURAS, *Morgana Masetti*

BUTOH, DANÇA VEREDAS D'ALMA, *Maura Baiocchi*

CARTA A UM AMIGO, *Nagarjuna*

CULTIVANDO A MENTE DE AMOR, *Thich Nhat Hanh*

DEUSES DO MÉXICO INDÍGENA, *Eduardo Natalino dos Santos*

DHAMMAPADA, *Trad.: Nissim Cohen*

ÉTICA, SOLIDARIEDADE E COMPLEXIDADE, *Edgar Morin et al.*

FALSAFA: A FILOSOFIA ENTRE OS ÁRABES, *Miguel Attie Filho*
FILOSOFIAS DA ÍNDIA, *Heinrich Zimmer*
FORJADORES ESPIRITUAIS DA HISTÓRIA, *Ignacio da Silva Telles*
GANDHI: PODER, PARCERIA E RESISTÊNCIA, *Ravindra Varma*
HÉRACLES, DE EURÍPIDES, *Cristina Rodrigues Franciscato*
MENTE ZEN, MENTE DE PRINCIPIANTE, *Shunryu Suzuki*
MINHA TERRA E MEU POVO, *Tenzin Gyatso, XIV Dalai Lama*
MITOS E SÍMBOLOS NA ARTE E CIVILIZAÇÃO DA ÍNDIA, *Heinrich Zimmer*
MUITO PRAZER, SÃO PAULO! GUIA DE MUSEUS E INSTITUIÇÕES CULTURAIS DE SÃO PAULO, *Simona Misan e Thereza C. Vasques*
O CAMINHO É A META: GANDHI HOJE, *Johan Galtung*
O CORAÇÃO DA FILOSOFIA, *Jacob Needleman*
O LIVRO TIBETANO DO VIVER E DO MORRER, *Sogyal Rinpoche*
O PODER DO MITO, *Joseph Campbell e Bill Moyers*
O VALOR DAS EMOÇÕES, *M. Stocker e E. Hegeman*
ORAÇÃO CENTRANTE, *M. Basil Pennington*
OS ANIMAIS E A PSIQUE, *Denise Ramos et al.*
OS OLHOS DO CORAÇÃO, *Laurence Freeman*
PÁGINAS DE UMA VIDA, *Ignacio da Silva Telles*
PARA UMA PESSOA BONITA, *Shundo Aoyama Rôshi*
SAN JUAN DE LA CRUZ, O POETA DE DEUS, *Patrício Sciadini, OCD*
SOLUÇÕES DE PALHAÇOS, *Morgana Masetti*
TRANSDISCIPLINARIDADE, *Ubiratan D'Ambrosio*
VESTÍGIOS - ESCRITOS DE FILOSOFIA E CRÍTICA SOCIAL, *Olgária Matos*
YOGA - IMORTALIDADE E LIBERDADE, *Mircea Eliade*
THOT, *Publicação de ensaios*

CO-EDIÇÃO – PALAS ATHENA/EDUSP:
DIÁLOGOS DOS MORTOS, LUCIANO, Henrique G. Murachco

Prezado leitor da obra
San Juan de La Cruz - O poeta de Deus

Para que possamos mantê-lo informado sobre as novidades editoriais e as atividades culturais da Associação Palas Athena, solicitamos o preenchimento dos campos abaixo, remetendo o cupom para a Editora Palas Athena, Rua Serra de Paracaina, 240 - São Paulo, SP - CEP 01522-020 ou pelo FAX (11) 3277.8137.

Nome...

Profissão..

Endereço ....

Cidade........................... Estado ....

CEP.............. Fone ( ) ....

Fax ( ) .... Celular ( )..................

E-Mail ....

Áreas de interesse:

❑ Mitologia   ❑ Filosofia   ❑ Religiões

❑ Antropologia   ❑ Educação   ❑ Psicologia

❑ Cultura de Paz   ❑ Outras áreas:

Impresso na
Gráfica Palas Athena